“海洋梦”系列丛书

骑鲸蹈海

海洋军事与海军

“海洋梦”系列丛书编委会◎编

合肥工業大學出版社
HEFEI UNIVERSITY OF TECHNOLOGY PRESS

图书在版编目（CIP）数据

骑鲸蹈海：海洋军事与海军/“海洋梦”系列丛书编委会编 .—合肥：合肥工业大学出版社，2015.9（2021.6 重印）
ISBN 978-7-5650-2423-8

Ⅰ.①骑… Ⅱ.①海… Ⅲ.①海军—世界—通俗读物 Ⅳ.①E153-49

中国版本图书馆 CIP 数据核字（2015）第 209795 号

骑鲸蹈海：海洋军事与海军

“海洋梦”系列丛书编委会 编　　　　责任编辑 王路生

出 版	合肥工业大学出版社	版 次	2015 年 9 月第 1 版
地 址	合肥市屯溪路 193 号	印 次	2021 年 6 月第 3 次印刷
邮 编	230009	开 本	710 毫米×1000 毫米 1/16
电 话	总 编 室：0551-62903038	印 张	12.75
	市场营销部：0551-62903198	字 数	200 千字
网 址	www.hfutpress.com.cn	印 刷	安徽芜湖新华印务有限责任公司
E-mail	hfutpress@163.com	发 行	全国新华书店

ISBN 978-7-5650-2423-8　　　　定价：35.00 元

目　录

骑鲸蹈海——海洋军事与海军

第一章　海上亮剑——海军神器

第二章　名舰传奇

第三章 海军名校与海军名人

第四章　兵力纵横——海军实力的较量

第五章　海战逸事

第六章　海军趣闻

第七章　千奇百怪的海军礼仪

第八章　海洋军事与海军常识

第九章　中国海军的发展历程

第一章
海上亮剑——海军神器

进入 21 世纪，人类围绕海洋权益的斗争愈加激烈，世界各国在加大海军建设投入的同时，对争夺制海权关系重大的“金戈利器”更是给予了超乎寻常的关注。

战列舰——昔日的“海上战斗堡垒”

战列舰是以舰炮为主要武器的大型战斗舰艇。战列舰上舰炮威力大，战斗坚持力强，它曾经是水面舰艇战斗编队中的主力，海军的战斗核心。

战列舰的主要任务是用于海上战斗，在海上消灭敌人大型水面战斗舰艇；它能加强海上编队的突击力量，也可用来压制和歼灭敌人海岸目标。

装在战列舰上的主要兵器是舰炮，根据它们所执行的任务的不同，可以分为主炮和副炮两种。

主炮在战列舰上有 8 ~ 10门，口径为356 ~ 406毫米，装在3 ~ 4座炮塔中。主炮配有射击指挥仪，射程20 ~ 25千米。主炮一次就能发射10吨炮弹。主炮还可以进行长时间的射击以保证对敌舰进行持续战斗。

副炮用来执行辅助战斗任务，以抗击敌方驱逐舰、鱼雷艇和航空兵的袭击。战列舰上副炮数量众多，都是一些中、小口径舰炮，布置在战列舰中部和上层建筑部位。一般

“俾斯麦”号战列舰

战列舰上中口径舰炮 12 ~ 20 门，口径为 120 ~ 152 毫米；而口径在 75 毫米以下的小口径舰炮，有 100 门之多，大多是自动炮。

战列舰具有良好的防护能力，主要是装甲防护。根据在舰上安装位置的不同，分为垂直装甲和水平装甲。垂直装甲呈垂直位置安装，如舰体舷侧部位的装甲，它的厚度与舰上主炮的口径相当。水平装甲多半设在甲板上，多层甲板总厚度达到 250 毫米以上。这样，就能顶住 500 千克以下的炸弹。为了防御水中兵器——水雷、鱼雷的袭击，战列舰上设有专门的防雷装置，即防雷舱。同时，战列舰上设有许多道水密隔墙，防止海水侵入舰体后扩散到其他舱室。因此，即使它被 4 ~ 6 条鱼雷命中，也不致沉没。

最后的战列舰——“衣阿华”级战列舰

战列舰是海上的庞然大物，个头大，目标大。它的排水量一般为 3 万 ~ 5 万吨，动力装置功率在 20 万匹马力以上，舰速 28 ~ 32 节，续航距离 1 万 ~ 1.5 万海里。战列舰上还装备有完善的目力和技术观测器材，无线电台就有 10 ~ 20 部，还有声波观测装置。这样可以在任何能见度下进行观测、通讯。有些战列舰上还装备侦察飞机和校正舰炮射击的飞机。

这样，战列舰具有足够的航速、续航力、机动力，能在各种气象条件下进行海上战斗。为此，战列舰曾经称霸一时。

现在，战列舰已经退出了海战舞台，战列舰的衰落与消失是有多种原因的。它有本身的原因，也有外部的原因。

从战列舰本身来说，尽管它具有火炮威力大、射程远、可以远战，而且还有较强的防护能力外，它本身还有耐波性好、续航性大、生命力强的特点。但是，战列舰也有不可忽视的缺点。

首先，战列舰吨位大，尺度大，所以隐蔽性差，在海上很远就可被发现，容易遭到袭击；第二，机动性差，因为战列舰尺度大，吃水深，回转不方便，回转半径达到了千米左右，所以只能在深水及开阔的海区活动；第三，也是最致命的缺点，战列舰不能有效地抗击飞机、导弹的袭击，也不能有效地对抗潜水艇的袭击。因此，为了防止飞机、潜艇的袭击便要有专门的警戒兵力进行警戒。此外，战列舰造价昂贵，建造周期长，损失后不易修复。

战列舰的这些缺点，在第二次世界大战中充分地暴露出来，并遭到了惨重的失败。日本偷袭珍珠港，前后只有1小时50分钟，日本航空兵狂轰滥炸，4艘美国战列舰被炸沉，一艘重创。美国太平洋舰队中的战列舰顷刻之间化为乌有。在马来西亚海上，英国远东舰队的战列舰也被日本海军舰载飞机和岸基飞机所歼灭。

现代科学技术和现代兵器的发展，特别是导弹武器、核潜艇的出现，使得战列舰更不能适应现代战争的需要。在现代条件下，庞大的舰体成了海上攻击的目标，威力最大的炮火，也无法在海上发挥作用。昔日的“海上战斗堡垒”，在海上耀武扬威的日子一去不返。第二次世界大战以后，各国都停止了对战列舰的建造，从此它退出了历史舞台。

但是，现在又有人提出了复活战列舰的设想。美国就有人提出改装被封闭的4艘“衣阿华”级战列舰。其方案是将舰尾1座406毫米三联炮塔拆除，接上97米长、30米宽的飞行甲板和飞机升降平台，供垂直短距离起降机和直升机起降，飞行甲板下设置飞机库。在前甲板装上导弹武器及新式舰炮。

要是这种改装设想实现的话，已经退出历史舞台的战列舰就能重新复活。但是，这种情况可能性不大。

驱逐舰——海上多面手

驱逐舰是军舰中用途最广的一种舰种。它能在海上执行多种任务，号称“海上多面手”。驱逐舰在战争舞台上曾经大显身手，每次海战总少不了它。驱逐舰属于中型水面战斗舰艇。现在，许多国家海军中拥有这种舰种，在各国海军中占有重要位置。驱逐舰也是目前我国海军中吨位最大、火力最强的水面战斗舰艇。有几十艘我国自行设计和建造的导弹驱逐舰驰骋在祖国的海

美国“斯普鲁恩斯”级驱逐舰

洋上。

驱逐舰是一种有着悠久历史的舰种。从第一艘驱逐舰问世以来，无论是外形、构造、武器装备和动力设备，都经历了重大的变化。

驱逐舰的演变与发展，取决于以下三个方面的因素：动力设备，船型和武器装备。在这三方面无论哪一个因素有了重大的进展与突破，均会促使驱逐舰的发展。

最早的驱逐舰是以蒸汽机为动力的。它的体积庞大，效率低，所以早期驱逐舰机动性差，攻击能力弱。1899 年，驱逐舰装上蒸汽轮机之后，功率增大，效率提高，航速加快，排水量也有了相应的增加，从几百吨增至 2 千多吨，舰速增至 30 节以上。

由于排水量的增加，驱逐舰在风浪中航行性能也有所改善。同时燃料由煤改为重油，重油的单位重量发热量比煤高，而蒸汽轮机的热效率又比蒸汽机高。同时由于排水量增加，装载的燃料也增多了。这样，驱逐舰的续航距离大幅度增加，可以和大型舰艇一起到远洋活动。第一次世界大战前，驱逐舰参加了舰队的行列。当时，这种参加舰队编队的驱逐舰，排水量超过 1000 吨，速度 30 节以上，由于它参加舰艇编队航行，故驱逐舰又称“舰队驱逐舰”。

20世纪20年代，各帝国主义海军强国为了垄断海上霸权，在华盛顿签订了一个限制海军军备的条约，规定和限制了各国航空母舰和战列舰的排水量总吨数。这样各国转向建造巡洋舰和驱逐舰。所以，驱逐舰愈造愈大。20世纪20年代驱逐舰的排水量一般在1000～2000吨，到第二次世界大战结束时，驱逐舰的排水量增大到2000～3500吨。20世纪70年代建造的驱逐舰有的达7000多吨。

驱逐舰上的武器威力也在逐步增强。舰上的鱼雷发射管从单管逐渐发展到双联装、三联装，直至五联装。舰炮也逐步得到加强，主炮的口径由原来的75毫米增大到130毫米；炮的门数也由1～2门增加到3～4门，有的还达到5～6门；小口径炮也有所增加，这样也就使驱逐舰的排水量增大。

从数量上来看，驱逐舰有了很大发展。在第二次世界大战中，参战国家投入的驱逐舰约有1800艘之多，许多国家拥有大量驱逐舰。

现代驱逐舰舰体长度大约100米，排水量2000～7000吨，航速一般在36节左右，续航距离3000～6000海里。主要武器有舰炮、鱼雷、水雷、深水炸弹和反潜火箭等。现代新型的驱逐舰上，还装备有导弹武器和直升机。此外，还装备有完善的导航、通信设备和多种电子装备。

护卫舰——海上护航者

在20世纪初的日俄战争中，日本舰艇曾多次闯入旅顺口，对港湾内停泊的俄国舰艇进行鱼雷、火炮

导弹隐形驱逐舰

“尼泰罗伊”级护卫舰

袭击，并布放水雷，用沉船来堵塞港口，限制俄国舰队的行动。可见海上军事行动需要专门的警戒、护卫舰艇，就像一个重要的单位，不能没有站岗、放哨、警卫一样。

最早是由驱逐舰和改装的民船来执行警戒、护卫。但是驱逐舰吨位大、航速高，用它来对基地、港湾进行巡逻、警戒和护卫不经济，而改装的民用船，技术性能差，难以胜任。这就产生了新的舰种——护卫舰。最初的护卫舰排水量小，航速低，火力弱，只适合在近海活动。

第一次世界大战中，德国在海洋上进行潜艇战，击沉了协约国大批舰船。战争告诉人们，不仅港口、基地需要护卫舰巡逻、警戒，就是海上运输船队，也需要进行护航。所以要建造能在远海活动的护卫舰，担任海上护航。

战争需要护卫舰，护卫舰也在海战中得到发展。在第二次世界大战前，各国海军对护卫舰的建造、发展并不重视。大战爆发后，海上成为运送战略物资的重要渠道。同盟国的海上运输线，常常受到德国潜艇的袭击。德国潜艇的“狼群战术”给盟国运输队造成很大损失。如在 1942 年，一支由 35 艘舰船组成的英国运输队，从英国开往苏联北方港口，运送苏联为了顶住德国

全隐护卫舰

大举进攻所急需的战略物资。为了确保航行安全，英国派出 11 艘护卫舰担任运输船队的直接警戒，外围还有 6 艘驱逐舰护卫，巡洋舰也在附近掩护。尽管这样，英国的运输队还是逃脱不了德国潜艇的袭击，损失了 24 艘运输船只。

血的教训告诉人们，海上运输队需要数量多、战斗力强的护卫舰护航。为适应战争需要，在第二次世界大战期间，各国大量建造、改装护卫舰，仅英、法、德和意大利建造的护卫舰就达 1800 艘。

在第二次世界大战后期，护卫舰广泛参战，屡建战功。1943 年 5 月，德国 25 艘潜艇又用“狼群战术”，分批向盟国大西洋中的一支运输船队进行袭击。盟国的护卫舰立即奋起反击，先后击沉德国潜艇 4 艘，重创多艘。由于护卫舰周密地在运输船队周围警戒、护卫，使得运输船队平安地到达预定的港口。

你知道吗

美国海军
为什么不再建造护卫舰

20 世纪 80 年代中期，美国海军水面舰艇中，护卫舰的数量最多。因为该舰种经济实用，更主要是对付来自苏联潜艇兵力的威胁。自从苏联解体后，美国就认为护卫舰不再重要，而将其列入淘汰之列。护卫舰的空缺，将由驱逐舰来弥补。

巡洋舰——海上独行侠

巡洋舰是在排水量、火力、装甲防护等方面仅次于战列舰的大型水面舰艇，拥有同时对付多个作战目标的能力，被誉为“海上独行侠”。

历史上，巡洋舰最初是指可以独立行动的战舰，而与此相对的驱逐舰则需要其他舰船（比如补给船只）的协助，但是这种差异在现代已经很小了。现代巡洋舰排水量一般在8000～20000吨，装备有导弹、火炮、鱼雷等武器，大部分巡洋舰可携带直升机。动力装置多采用蒸汽轮机，少数采用核动力装置。随着海军航空兵的崛起，巡洋舰的地位日渐衰落，在现代战争中巡洋舰的作用几乎被驱逐舰代替。

第二次世界大战中航空兵的出现大大地改变了海战的性质,因为，即使是最快的巡洋舰也比不上飞机快，这使得单艘舰船或小部队独立作战的能力减弱。

20世纪后期的海战中都是由大规模的舰队协同作战，这样的舰队可以抵挡几乎所有空袭，大多数舰队中像巡洋舰这样的多功能大舰逐渐退出了历史舞台。美国海军、俄罗斯海军、秘鲁海军、意大利海军仍有巡洋舰在服役。当代世界最著名的巡洋舰为美国“提康德罗加”级导弹巡洋舰和俄罗斯“基洛夫”级核动力巡洋舰。

俄罗斯“基洛夫”级核动力巡洋舰

登陆舰艇——抢滩先锋

登陆舰艇，又称两栖舰艇，指的是能运送登陆部队、坦克、车辆及火炮等武器装备远洋航行，并在敌岸滩头直接登陆的中型舰艇。它是为输送登陆兵及其武器装备、补给品登陆而专门制造的舰艇。它包括多种不同类型的舰艇，如船坞登陆舰、两栖攻击舰等。

登陆战舰艇的主要任务就是运送登陆突击部队，及其装备和补给物资抢滩登陆，因此这类舰艇都具备下列几个基本特征：第一，吃水较浅，舰首略上浮。这是为了能驶入近海岸的浅滩区并方便人员及装备物资的卸载上岸。中型以上的登陆舰船一般建有压载水舱，在靠岸前后要通过排水、注水或海水移动来迅速改变吃水差和吃水。第二，水线以下的舰体坚固。尤其是舰首和舰底的结构非常坚固，以免在抢滩登陆过程中因常见的舰底损伤而造成严重损失。第三，为在离岸和靠岸时防止潮流摆动舰尾，登陆舰船备有相当大的舰尾锚。第四，为在靠岸登陆时不使潮

俄罗斯登陆舰

流移动舰体，登陆舰船的舰首和舰底呈扁平形状，能保证舰体稳定牢固坐滩。第五，为便于大量建造和维修，登陆舰船的结构和装备都力求简单。

登陆艇的航速都在20千米/小时以下，续航能力仅200～1000千米。在登陆作战中登陆兵一般需乘运输船或军舰至登陆点附近的海域，再换乘登陆艇突击上陆。20世纪70年代在美国、苏联又出现了气垫登陆艇，它的航速可达90～130千米/小时，并使登陆人员和车辆免去了渡水涉滩的过程，是具有独特两栖性和通过性的高速登陆工具。

登陆艇——一般认为登陆舰艇的最初形态是俄国黑海舰队1916年使用的称作“埃尔皮迪福尔”（希腊文，意为“希望使者”）的船只。这是一种平底货船，吃水很浅，排水量100～1300吨，适于运送部队抵达海滩实施登陆作战。在第一次世界大战后期，英、美曾改装和建造了一批与其类似的登陆艇，排水量在10～500吨，大小不等，艇上装备机枪或小口径舰炮，艇首开有舱门，便于人员和车辆下船登陆。这就是最早的登陆艇。

登陆舰——又称坦克登陆舰，它的排水量为600～10000吨，可载坦克几辆至几十辆和士兵数百名。它的续航能力一般为 200 ~ 6000 千米，航速 20 ~ 40 千米 / 小时，这就使登陆部队可从出发地直抵登陆点滩头，无须中途换乘，大大简化和加快了登陆过程，其登陆作战能力比登陆艇大为增强。世界上第一艘登陆舰是英国在第二次世界大战初期用油船改装而成的。1940 年，英国建造了首批 LST1 级大型登陆舰。此后一些国家也相继建造了大量登陆舰。战后，登陆舰提高航速，增设直升机平台，装备防空导弹，采用侧台推进器和新型登陆装置，使战术技术性能有较大提高。

坞式登陆舰，又称船坞式登陆运输舰，它是美国在第二次世界大战中为在欧洲开辟第二战场和在太平洋岛屿实施登岛作战而研制成功的。坞式登陆舰内有一个或两个巨大的坞室，在尾或首部有活动水闸，水闸打开，尾（首）部分沉入海水中，装载的登陆艇或两栖车辆可从坞室驶出。现代坞式登陆舰的满载排水量一般在万吨左右，航速 30 ~ 40 千米 / 小时，可载 10 ~ 22 艘各类登陆艇或 20 ~ 80 辆两栖车辆。有的还设有直升机平台，载运直升机数架，可实施机降登陆作战。

我国小型气垫登陆艇

潜艇
——神出鬼没的奇兵

海洋是个神奇的世界，很早以前，人类就产生过潜到海底探秘以及从事水下活动的幻想，也制造过能潜入水中，也能从水中浮起来的器具。一些科学和探险者进行了多次的研究和探索，想造出一条既能潜浮又能在水下前进的船来。

17 世纪初，荷兰有个物理学家，名叫科尼利斯·德雷布尔，为了使潜水船能在水中前进，他做了长时间的研究和试验。17 世纪 20 年代，他用一条很大的潜水船，装载 12 名水手，用浆划船前进。这种潜水船是用木料制成的，在船体外面蒙上了一层涂油的牛皮，下潜深度为 4 ~ 5 米，船内装有羊皮囊作为水柜。羊皮囊内灌进了水，船就下潜；把羊皮囊内的水挤压出去，船就上浮到水面。这种潜水船要算是世界上最早的潜艇雏形了。

18 世纪美国独立战争时，英国的战舰在美国的海面和港口横行霸道，激起了美国人的义愤。有一个名叫戴维特·布斯涅尔的美国人，很早就想造一条潜水船到水下作一次旅行，由于战事爆发，他在爱国热情的支配下，改变了原来的主意，打算建造一条水下战舰，从水下去攻击英国的水面战舰。于是，他很快设计制成了一条小艇，起名叫“海龟”。“海龟”艇是木制的外壳，形状很像一个尖头向下的大鹅蛋。艇底有一个小水柜，艇内有一个小水泵，向水柜灌水时，小艇就潜入水中，当水泵把水柜的水抽出时，小艇就上浆。艇上还装有一个手摇螺旋桨，可使小艇在水下前进。艇外挂有一个大炸药桶。进攻时，小艇开到敌舰的正下方，然后用长矛似的钻子去钻敌舰的船底，钻好后把炸药桶挂上，启动定时爆炸装置，当小艇离开后，炸药桶自动爆炸，就可以摧毁敌舰。

二战时期德国 U 型潜艇

19 世纪中期，潜艇的武器装备也有了改进，由炸药包发展到长杆水雷或有线电发水雷。在美国南北战争中，南军的潜艇就是用长杆水雷击沉了北军的军舰。早期潜艇最大航速 4 节左右，下潜深度 4 ~ 5 米，水下逗留时间约半小时，只能对停泊在自己港口附近的舰船进行攻击。

早期潜艇发展缓慢，主要原因是受科学技术水平限制，另一方面，也受大型水面舰艇决定海战胜负的传统海战观点的影响，认为潜艇只是近岸防御的工具，对潜艇的发展很不重视。因此，早期潜艇装备的发展远远落后于水面舰艇装备的发展。

潜艇在海战中的威力是很大的，它和水面舰艇相比，具有很多特点。

潜艇的最大特点是隐蔽性好。潜艇活动在水下，海水是它最好的天然屏障，它在海水的掩护下，使水面舰艇、飞机和卫星的侦察都不易发现，即使是探测潜艇最有效的器材——声呐，由于目前的作用距离不远，对在大洋深处活动的潜艇，也是不容易探测到的。特别是导弹核潜艇，它能在远距离向敌人发射导弹，这就更增加了它的隐蔽性。

潜艇的第二个特点是有较强的突击威力。常规动力潜艇，一般装有 4 ~ 8 个鱼雷发射管，如果潜艇上鱼雷发射管的鱼雷同时发射，并命中目标，那么，任何类型的水面舰艇都可以被击沉。潜艇上还携带有 6 ~ 16 枚备用鱼雷，发射后重新装填，能多次地进行攻击。导弹潜艇，能携带 3 ~ 16 枚导弹，可攻击数十海里甚至数千海里之外的目标。这些导弹，有的是单弹头，有的是多弹头，有的是普通装药，有的是核装药。因此，一艘导弹潜艇的打击威力，其当量一般为万吨、百万吨、甚至千万吨以上，它等于一个水下核武器库或水下核导弹发射基地。

潜艇的第三个特点是续航力大。常规动力潜艇，续航力最高的为两万多海里。核动力潜艇的续航力更大，可以在水下绕地球航行 2 圈。

潜艇的第四个特点是自给力强。常规动力潜艇带足给养，一次可以在水下活动 30 ~ 60 天，核动力潜艇的自给力更强。这就使潜艇具有远离基地独立作战的能力。

俄罗斯现役核潜艇：奥斯卡

当然，潜艇也有不少弱点。它的主要弱点是自卫能力弱，只有进攻性的武器，没有防御性的武器，一旦被敌方反潜兵力发现，只有迅速潜水规避，几乎没有招架之力。尤其是反潜飞机发现后，对潜艇的威胁更大。

潜艇与岸上通信联络也是比较困难的。由于电磁波在水中容易衰耗，影响通信距离，潜艇必须上浮到一定深度才能接收到电磁波，这就破坏了潜艇的隐蔽性。

应该看到，潜艇虽然有些弱点，但是，优点是主要的，它本身的战斗威力也是巨大的，特别是核动力导弹潜艇的问世，使潜艇的战斗性能有了飞跃的发展，它在战斗中发挥的作用更大了。

潜艇，这个在近一个世纪发展起来的新型舰艇兵力，在两次大战中以其显著的战绩，被称为神出鬼没的奇兵。

潜艇在战斗中的主要作用有以下几点：

一是袭击陆上重要目标，摧毁敌人的战略设施。潜艇用它携带的弹道导弹去攻击敌人的政治、军事、经济中心，摧毁敌人的战争指挥机构、军事工厂和重要设施等。所有这些，都会削弱敌人的军事力量和经济力量，动摇其军心和民心。

二是攻击大、中型水面舰艇和海上运输船。潜艇在水下，目视看不见它，这就便于它偷偷地接近水面舰艇和运输船，突然发起攻击。一般情况下，只要潜艇发现了水面舰艇或运输船，而水面舰艇或其他兵力没有发现它，就可能被潜艇击沉或击伤。

三是与敌潜艇做斗争。以潜艇反潜艇，比其他反潜兵力更为优越。潜艇能在水下活动较长的时间，可以对敌潜艇进行隐蔽而长期的观察。而反潜飞机或水面舰艇，则受各种条件的限制，不能对潜舰进行长时期的搜索。这是潜艇反潜艇的特殊优点。第二次世界大战中，有70余艘潜艇被敌方的潜艇所击沉。目前，由于各种水下观察器材的改进，各国建造了专门的反潜潜艇，反潜也成为潜艇的重要任务。

四是担任布雷等任务。潜艇可以隐蔽的到达敌人港口、海湾和航道上布雷，封锁、打击敌人的舰船。据统计，从1942年10月至1945年5月，美国在太平洋地区共用32艘潜艇，布雷658个，击沉击伤日本舰船54艘，平均每布12个水雷，就击沉或击伤一艘舰船。

二战时期最大的潜艇

此外，潜艇还可以担负侦察、运输和海上救护等任务。

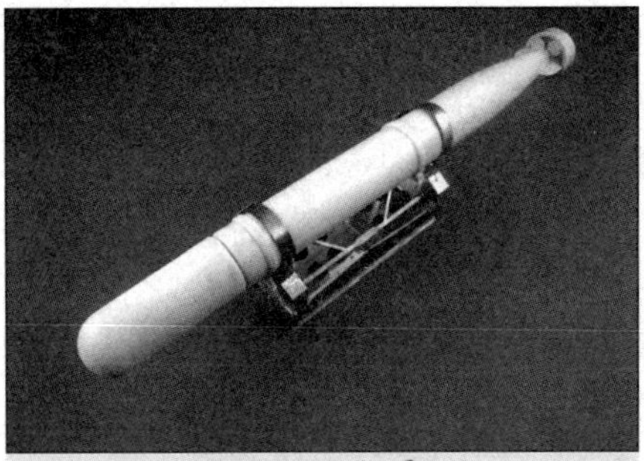

沃斯帕鱼雷

鱼雷——水中爆破手

20世纪有一种自始至终都非常重要的水中兵器，人称“水中爆破手”。它是一种能在水下自动推进、自动控制深度的进攻性武器，由于形状像鱼，又能像鱼那样前进，所以得了个非常形象贴切的名字。

早在20世纪中期鱼雷出现之初，恩格斯以他的远见卓识就对这种新武器作过高度评价。

大工业供海战之用的最新产品自动鱼雷的完善化，看来是要实现这一点：最小的鱼雷艇将因此要比威力最大的装甲舰厉害。

鱼雷在水中航行接敌，隐蔽性好，能够达成进攻的突然性。又因为它是在水中爆炸，能量作用效率高，对敌方舰艇的破坏作用大。一般1 ~ 2条鱼雷就能击沉护卫舰、驱逐舰；2 ~ 3条便有可能致巡洋舰和轻型航母于死地。

在第一次世界大战中，仅潜艇发射的鱼雷击沉的舰艇就不下4628艘。第二次世界大战中，各国海军被击沉舰艇总吨位的68.5%，都是鱼雷立下的“汗马功劳”。当时有6艘战列舰、19艘航空母舰、45艘

潜艇使用小当量核鱼雷攻击

巡洋舰、110艘驱逐舰被鱼雷葬送海底。后来，在朝鲜战争中，美国海军1.3万吨的重巡洋舰“芝加哥”号，也被朝鲜人民军的鱼雷武器一举击沉。

20世纪50年代以后，鱼雷技术有了很大的改进，并没有因为出现了火箭、导弹而影响它的发展。现代鱼雷主要有三种不同的类型，即蒸汽瓦斯鱼雷、电动鱼雷和核鱼雷。

蒸汽瓦斯鱼雷又称热动力鱼雷，它采用燃油、压缩空气和淡水为能源，通过燃烧产生蒸汽瓦斯，推动主机工作，主机再带动螺旋桨前进。

电动鱼雷是由蓄电池通过电机带动螺旋桨工作。这种鱼雷的性能与蒸汽瓦斯鱼雷相当，但它有一个最大的优点，就是行进时不留下航迹，不易被敌方舰艇发现。因此，它越来越受欢迎，成为现代鱼雷的主力。

核鱼雷已由苏联研制成功，并已开始装备潜艇，准备用它来对付敌方的水面大型舰艇、舰队、商船队和潜水艇。核鱼雷的工作原理是，先用核反应堆的热能产生蒸汽，并通过蒸汽轮机带动螺旋桨，使鱼雷高速前进。当鱼雷接近或接触敌方舰艇时，再引爆整个核反应堆，使之成为一颗水中的原子弹。因此，它的威力是极为可怕的。

布雷舰——雷阵布置者

布雷舰是专门用于布设水雷的水面战斗舰艇，可在基地、港口、航道和近岸海域及江河湖泊水域进行防御布雷和攻势布雷。它包括远程布雷舰、基地布雷舰和布雷艇等，有专门设计制造的，也有用其他舰艇或商船改装而成的。布雷舰，排水量500～6000吨，航速12～30节，可载水雷50～800枚；布雷艇，排水量在500吨以内，航速10～20节，可装载水雷50枚以内。布雷舰艇设有专门的水雷舱、引信舱、升降机、温湿度调节装置和布雷操纵台等。在舰尾甲板上设有2～4条雷轨，水雷布放前，在雷轨上做最后准备；布放时，水雷在雷轨上经链条输送机和布雷斜板按一定的时间间隔投布入水。装备有较完善的导航设备，以保证布设

布雷舰

水雷雷阵的精确位置和水雷间隔；并装备有少量自卫武器。

1892 年，俄国最早建成布雷舰 2 艘。在日俄战争 (1904 ～ 1905 年) 中，交战双方都用布雷舰艇在中国旅顺口外进行水雷战。第一次世界大战中，出现巡洋布雷舰、驱逐布雷舰、高速布雷舰、舰队布雷舰、近海布雷舰和布雷艇等。参战各国的布雷舰艇与其他舰艇共布设 30 万枚锚雷，在战争中发挥了作用。第二次世界大战中，布雷舰艇得到进一步发展，交战各国有布雷舰 59 艘 (不含苏联)。苏、德等国还专门建造了布雷潜艇。布雷舰艇和其他舰艇及飞机共布设水雷约 80 万枚。第二次世界大战后，由于航空兵和战斗舰艇的发展，使用布雷舰艇到敌方基地、港口进行攻势布雷日益困难，一些国家海军趋向于改用潜艇和飞机进行攻势布雷，其他水面舰艇也可用于布雷，不再建造专用布雷舰艇。只有少数国家在新建布雷舰,并用以兼作扫雷母舰或训练舰。1987 年，中国海军建成 2000 吨级的布雷舰，装备有由计算机控制的运雷、布雷系统，布雷精度较高。

布雷舰艇的基本使命就是在本国沿海海域布设阵地雷阵和防御雷阵，也可兼负各种训练、供应、支援等任务。布雷舰的核心部分是雷舱，通常占舰长的 2/3 以上。雷舱内设有多条布雷轨和灭火、通风等安全设施。舰上还设有水雷调整室、布雷指挥室及相应设备。起重机、升降机及转盘机等设备，可将水雷从码头吊装、转运至雷舱内并贮放在雷轨上。布放水雷时，水雷借助于驱动装置沿雷轨向舰尾移动，经由布雷机通过开启的尾门布入水中。

按照排水量大小，布雷舰可分为大型和中型两种。排水量 4000 ～ 8000 吨，为大型，可装载 500 ～ 800 枚水雷；排水量 2000 ～ 3000 吨为中型，可装载 100 ～ 500 枚水雷。排水量在 500 吨以下，称为布雷艇，载 30 ～ 60 枚水雷。

水雷——水下“杀手”

水雷是布设在水中的一种爆炸性武器，它可由于舰船碰撞或进入其作用范围而起爆，用于毁伤敌方舰船或阻碍其活动，被誉为水下“杀手”。

水雷具有隐蔽性好、布设简便、造价低廉等特点。按照水雷的发火方式，可分为触发水雷、非触发水雷和控制水雷。触发水雷大多属于锚雷和漂雷；非触发水雷又可分为音响沉底雷、磁性沉底雷、水压沉底雷、音响锚雷、磁性锚雷、光和

触发式水雷

雷达作引信的漂雷，以及各种联合引信的沉底雷等。若按布雷工具不同，可分为舰布水雷、空投水雷和潜布水雷。各国海军都很重视水雷的发展，不断开发出机动性较高、主动攻击能力较强的水雷，研制出潜布自航水雷、深水反潜水雷、无线电遥控水雷和集装式水雷等新型水雷，大大提高了水雷的电子化和微机化，以及水雷的爆炸威力。

舰载飞机——海空雄鹰

20 世纪 70 年代初，我国自行设计和制造的被誉为“四海第一骑”的第一条导弹驱逐舰最近经过改装之后，舰尾装上了直升机，从而增强了该舰的战斗力。那么，为什么在舰上要装备直升机呢？

第二次世界大战前，某些战列舰和巡洋舰就曾经装备了飞机，不过都是螺旋桨式的水上飞机。它靠舰尾的弹射架起飞，降落时，先停在海面上，然后用舰尾的起重机起吊上舰。当时的舰载飞机是用来进行侦察的，也可用来观察下潜不深的潜艇，当海水透明度较好时，观察深度能达 20 ~ 30 米。

20 世纪 50 年代后期，直升机开始装在军舰上。现在，新建造的巡洋舰、驱逐舰，甚至在某些护卫舰上，

j-15 舰载机

卡 –28 舰载直升机

都越来越普遍地装备了直升机。

舰载直升机主要是担任远距离的反潜任务。它可在反潜导弹（火箭助飞鱼雷）射程以外来搜索、跟踪和攻击敌方潜艇。它可以使用吊放式声呐和声呐浮标以及雷达、磁探仪来搜索潜艇。

直升机除了反潜，还可以作为舰对舰导弹的中继站，用以早期发现敌人发射来的导弹并进行电子干扰。此外，它也用于海上救援、人员输送和垂直补给等。因此装备了它，军舰就能执行更多的任务。

直升机装备在军舰上，提高了军舰的战斗能力，特别是反潜能力有了明显的增强。目前，它一般还不会受到潜艇的威胁，因为潜艇装载潜对空导弹的还很少，即使有，在使用条件上也受很大限制。相反，直升机一旦“抓住”潜艇，就可使用反潜鱼雷或深水炸弹等进行攻击。

舰载直升机的弱点是：受气象条件影响较大，续航时间较短，自身的防御力弱，操纵复杂，而且在军舰上必须有一系统的设备和要求。

深水炸弹
——深海爆破手

深水炸弹是由水面舰艇、飞机发（投）射，在水下一定深度爆炸的、专门用于打击潜艇的一种水中武器，被誉为“深海爆破手”。通常，由飞机和直升机投放的称为航空深弹，而由水面舰艇投放的称为舰用深弹。如果再细分，航空深弹又可分为发射式航空深弹和投放式航空深弹，舰用深弹也可细分为投放式深弹、管式深弹和火箭深弹。航空深弹主要由弹体、稳定器、引信和炸药等组成。弹体包括弹头、弹身、尾锥和降落伞等。稳定器主要用于保持深弹在空中和水下弹道的稳定。一般一个弹上装有两种不同类型的引信，分别装于头部、侧向或尾部。舰用深弹主要由弹头和弹尾两部分构成。弹头内装炸药和引信；弹尾有发射部分和稳定装置。舰用投放式深弹安装药量多少可分为大、中、小型：装药量在100千克以上的为大型；装药量在50～100千克的为中型；装药量在50千克以下的为小型。投放式深弹一般无弹尾，只有弹头部分，使用定时引信或定深引信。火箭深弹是利用火箭发动机产生的推力发射的深弹，使用定时引信、触发引信、定时一触发联合引信和非触发引信等。管式发射深弹发射时，发射炮的后坐力较大，发射效率低，射程受到限制，因而逐渐被淘汰；火箭式深弹发射时无后坐力，射程较大，可多发快速齐射。

目前，各国海军深水炸弹一般总重在70～350千克，装药量28～200千克，弹径203～375毫米，弹长0.7～2米，破坏半径达8～23米，射程数十米到数千米，可在300米左右水深使用。

航空母舰——浮动的海上机场

论航空母舰的历史，可追溯到20世纪初，尽管从现在航母的实力看，美国算老大，但在航母的发展历程中，英国却是航母发展的开路先锋。

1912年5月9日，英国海军格利戈里上尉驾着“肖特”飞机从航行着的战列舰上起飞，成为具有现实意义的舰载飞机起飞的第一次。1917年，又是英国海军在巡洋舰上试验接受飞机着舰，并在以后改进了着舰及降落中出现的缺点，才有今天的全通式飞行甲板和“岛”型上层建筑。1918年，英“暴怒”号航母投入实战，第一次向人们演示了航空母舰的作战战法。现在，虽然美国和法国航母上的起飞弹射技术很先进，但这一技术最早也是从英国引进的。舰载机不论何时在航母上起降都很安全，这也有赖于1924年英国发明的助降器和液压拦阻索才得以实现的。

由此看来，英国在航空母舰发

改装后的英国“暴怒”号航母

展的历程中功不可没，应该是当之无愧的航空母舰的开路者。

你知道吗

航空母舰上的十大部门

为适应完成繁重复杂的作战任务，航母通常设有十大部门，它们分别是：

（1）作战部门，负责制订作战计划、组织战备训练、完成指定的情报搜集、对空中飞机实施作战控制、进行通信和实施电子战等。

（2）航空部门，负责保障飞机的起降、吊放、加油、装弹和飞行安全在内的空勤任务。

（3）航海部门，负责航海安全及航海仪器管理。

（4）飞机中级维修部门，负责飞机的维修保养。

（5）武器部门，负责舰上武器的操作、维护和修理，保管爆炸物品、导弹和核武器。

（6）安全部门，负责实施和协调航母和舰载机联队的安全计划。

（7）轮机部门，负责所有主、副机的运行、维修。

（8）供应部门，负责购买，发放物品，向舰员供应个人消费品。

（9）医务部门，负责医治伤员，指导战场急救。

（10）牙医部门，负责牙科治疗、口腔卫生指导。

航空母舰简称“航母”、“空母”，苏联称之为“载机巡洋舰”，是一种可以供军用飞机起飞和降落的军舰。航空母舰的最大缺点是最易受到超低空掠海武器的毁灭式打击。

航空母舰是一种以舰载机为主要作战武器的大型水面舰艇。现代航空母舰及舰载机已成为高技术密集的军事系统工程。

航空母舰一般总是一支航空母舰舰队中的核心舰船，有时还作为航母舰队的旗舰，舰队中的其他船都只为它提供保护和供给。一般航母舰队会配备 1 ~ 2 艘潜艇、护卫舰、驱逐舰以及补给舰，驱逐舰或航母上可搭载反潜直升机、预警机、电子侦察机等。依靠航空母舰舰队，一个国家可以在远离其国土的地方、不依靠当地机场的情况下对敌方施加军事压力和进行作战。

航空母舰按其所担负的任务分，有攻击航空母舰、反潜航空母舰、护航航空母舰和多用途航空母舰；按舰载机性能分，有固定翼飞机航空母舰和直升机航空母舰，前者可以搭乘和起降包括传统起降方式的固定翼飞机和直升机在内的各种飞机，而后者只能起降直升机或是可以垂直起降的定翼飞机。某些国家的海军还有一种外观类似的舰船，称作“两栖攻击舰”，也能搭乘和起降军用直升机或是可垂直起降的定翼机。此外，航空母舰按吨位分，有大型航空母舰（满载排水量6万~9万吨以上）、中型航空母舰（满载排水量3万~6万吨）和小型航空母舰（满载排水量3万吨以下）；按动力分，有常规动力航空母舰和核动力航空母舰。

日本“日向”号直升机航母

航空母舰上所有常备航空兵力包括飞行员、航空地勤人员，均属海军航空兵，是海军。美英等少数国家的航母有时执行特殊任务时，会搭载海军陆战队或空军所属的飞机，但这属于特例，不是固定编制内的舰载机。

航空母舰的主要任务是将飞机运载到作战地区完成作战任务，这种任务多属战役性的，因此航母也就成了敌人攻击的对象和己方重点掩护的目标。这是为什么呢？这主要是因为航母庞大的舰体，极易遭到多种兵力的攻击。为此，航母的行动多以编队方式组成航母战斗群，以保证航母的安全。那么，航母是怎样编队的呢？航母编队是以航母为中心，由1~2艘巡洋舰、3~4艘驱逐舰和3~4艘护卫舰等水面舰艇在航母周围组成环形警戒，以电子与非电子战手段相结合、电子与火力抗击相结合，组成区域性纵深综合防御体系，并形成多道防线。

第一道防线：就是电子侦察区域网。由航母舰载预警机和侦察卫星组成，可在600~1000千米发现来袭的低空导弹和高空轰炸机。同时也在这个距离上派出反潜潜艇担任反潜警戒。

第二道防线：是电子战飞机和战斗机构成的干扰和拦截屏障。

第三道防线：是“宙斯盾”舰队防御系统。主要是拦截突破了前两道防线的飞机和导弹。

第四道防线：舰载 C31 系统控制下的点防御，用自卫干扰器材和近程导弹及“密集阵”火炮拦截穿过第三道防线的空中来袭目标。

航空母舰通常配有 1 ~ 2 个侦察机中队，它可以完成对海情、敌情的侦察任务，但无法完成现代作战条件下的侦察任务，如敌在侦察机观察范围外的军舰、飞机及它们发射的导弹，特别是掠海飞行的导弹。因此，预警飞机是航母载机中必不可少的。

满载战机的航母

舰载飞机在航空母舰上停放和起降有严格的规定，我们知道，陆地上的机场地域广大，平坦宽阔。而海上的机场——航空母舰，却空间有限，面积狭窄。这就产生了一个“大”与“小”、“宽”与“窄”的矛盾。为了解决这个矛盾，航空母舰上的各种设备的尺寸、重量都要有严格的限制。同时还必须减少每架飞机所占的空间。如果我们有可能到航空母舰上去看看，就会发现，舰载飞机一架挨一架排列在甲板舷侧，自由伸展的机翼被折叠起来了；有的稍长一点、稍高一点的飞机，连机头、垂直尾翼也要折叠起来；各飞机之间只许留有 20 ~ 30 厘米间隙；有些机尾还要伸出甲板外。为了防止飞机在舰体摇摆时掉入大海，甲板上的飞机都用专门的系留绳索把它固定住。航空母舰所载的大部分飞机是停放在飞行甲板下面的机库里，使用时，由设在飞行甲板两侧的四台升降机，以每分钟运送一架飞机的速度，将飞机送上甲板。舰载飞机“生活”在这样拥挤的航空母舰上，是十分拘束的。

然而，对于舰载飞机来说，更受拘束的是在舰上窄小的甲板上起飞、降落。飞行甲板的长度和面积相对陆地机场要小得多，也短得多，这就严格限制了舰载飞机起飞、着舰的滑跑距离。因此，舰载飞机必须具备短距起飞和着陆的性能。也就是说，舰载飞机要在几十米的滑跑距离内达到起飞离舰的速度，从而顺利起飞，或着舰后能迅速停止，否则，它就会冲出甲板，坠入大海。为了缩短起飞降落的滑跑距离，利用加力燃烧室、起飞火箭助推器加速，使飞机及早地达到离舰速度；利用刹车、阻力伞的反推力缩短飞机降落后的滑跑距离，从而达到缩短起飞着舰的滑跑距离。

但这些措施，还不能使舰载飞机在航空母舰的飞行甲板上短距离内起飞和降落。因此，航空母舰上还设置了专门的起降装置——飞机弹射器和拦阻索，使舰载飞机能够安全平稳地利用弹射器短距起飞，利用拦阻索短距降落。

你知道吗

你知道购买一艘航空母舰的费用吗

采购航母，除航母本身的采购费外，还要考虑其战斗群内舰载机的采购费、护卫舰艇的采购费等。

1艘2万吨级的常规动力航母约需4亿美元，1艘9万吨级的“尼米兹”级核动力航母约需26亿美元，再加上全部飞机，则可达到50亿美元。综合考虑，按30年服役期计算，包括维修更新的费用，1艘中型航母战斗群的全部寿命期的费用大约要120亿美元，而“尼米兹”级核动力战斗群则要高达380亿美元。

第二章 名舰传奇

舰船是海军作战的主要装备，随着现代科学技术的飞速发展，给舰船的发展带来了深远的影响；一些新技术在舰船上的应用，给未来海上作战方式带来了深刻的变化。在本章内容中我们一起了解各个国家的经典战舰。

美国最先进的“提康德罗加”号巡洋舰

“提康德罗加”号是美国20世纪80年代建造的最新最先进的巡洋舰，被称为跨世纪的舰艇。它的最大特色是装有“宙斯盾”作战系统，能垂直发射导弹，是美国防空能力最强的巡洋舰，是为航母编队防空护驾的马前卒。

“宙斯盾”就名字来说，它来自古希腊神话中的神王宙斯的一面宝镜。传说中神王手拿这面宝镜，能力敌百头怪兽。用“宙斯盾”命名作战系统，就是指这个系统具有可同时有效地对付上百个来袭目标的作战能力。美国人用这个名称的系统来保护舰队的安全。它的神秘之处就在这里。美国海军对该系统寄予了很大希望，他们集中了一批专家终于研究成了这一作战系统。

“提康德罗加”级导弹巡洋舰

当时，美国海军的主要威力是航空母舰，它的最大威胁来自空中，因此，美国海军担心苏联“基洛夫”式的战舰，突然对美国航母发起导弹攻击，数十枚甚至数百枚导弹一齐飞来，到那时美国航母的确会难以招架。能不能研究出一个系统，在瞬间能发现并对付这数十或数百枚导弹的攻击呢？“宙斯盾”就是在这种背景中诞生的。

美国人从1963年就开始研究这个系统，但那时还没有一种紧迫感，因为美国航母多，足够对付苏联。可是到1967年的中东战争时，美国突然焦急万分，紧迫感产生了。因为以色列最大的驱逐舰“阿拉特号”被埃及的小型导弹艇的导弹击沉了，创造了小艇打大舰的战例。美国人担心航母完全有可能被小艇上众多的导弹所攻击。因此，美国海军在积极研制反导弹兵器的同时，还投入了更多的资金和技术人员，研制

“宙斯盾”作战系统。

海军建议“宙斯盾”系统最好装备核动力巡洋舰，并建议先在“长滩号”上试验，但国会审查此方案时没有通过，理由是核动力巡洋舰太昂贵、花钱太多，只批准装在驱逐舰上。后来只好在“诺顿峡号”驱逐舰上试验。1980年1月21日，第一艘“宙斯盾”系统首舰“提康德罗加号”才正式建造。其排水量达9600吨，作战能力实际上比巡洋舰还要强，因此，海军将其重新定为导弹巡洋舰。

美国航母的防空系统是由三层组成的，第一层由航母舰载机担任，在外围把来袭目标击毁。对突破舰载机的飞机和导弹，就由航母战斗群的护卫舰只上的中程舰空导弹组成的区域防御网来拦截。对连续突破第一、第二防空网的来袭目标，则要由舰上的近程防空导弹和火炮组成的第三层点防御网来摧毁。“宙斯盾”的任务属于第二层防御网范围，它扮演了区域防空的主角。

跟“宙斯盾”匹配的，是相控阵雷达。传统雷达天线是靠旋转来搜索目标，这对今天的快速目标来说很不适应，搜索速度太慢了。而相控阵雷达天线有四个面，在对空方位上能覆盖从水平面到天顶，整个天线能形成以舰体为中心的一个半球形搜索区，前后左右合在一起就能实施全方位监视，没有死角。“提康德罗加号”应用的就是这种雷达。

“宙斯盾”系统可汇总舰上雷达、声呐、电子战系统传来的信息，用4台电子计算机分析判断目标的威胁程度，并决定是否对目标实施攻击。同时它将判断的结果传给武器系统，武器系统立即选定应用何种武器。若目标是舰艇，武器系统就发射“战斧”巡航导弹、“鱼叉”反舰导弹；如果临近的目标是反舰导弹，武器系统则启动近程武器系统。可见，“宙斯盾”不是一台简单的仪器，而是由许多系统组成的一个集合性系统，它极大地提高了军舰的快速反应能力。据说“提康德罗加号”巡洋舰，同时能处理18个目标的信息。与没有“宙斯盾”系统的舰艇相比，快速反应能力提高6倍。这就是“宙斯盾”的过人之处。

“提康德罗加号”排水量9400吨，舰长172.8米，舰宽16.8米，航速30节以上，用20节速度航行续航力达6000海里，舰员编制358人。它除装有“宙斯盾”之外，其数目极大的导弹也是超群的，而且它有垂直发射系统，计122枚导弹。

“提康德罗加”
级巡洋舰发射导弹

它还可以混装“战斧”对地或反舰巡航导弹和标准防空导弹；另外舰上还有2座四联装8枚“鱼叉”反舰发射装置；2座双联装“阿斯洛克”反潜导弹发射装置。

在海湾战争中，“提康德罗加”级巡洋舰发挥了很大作用，成了航母群中作战的多面手。首先为战斗群舰艇提供了防空保护，发挥了其测距远、容量大、反应速度快的优点，为战斗群提供了情报。它利用标准防空导弹数量多的优势，有效打击来袭目标。在攻击陆上纵深目标时，它也发挥了巨大作用，它有122个导弹发射箱，有的舰全部装上“战斧”导弹，成了海上的攻击手。

可见，“提康德罗加”级巡洋舰的确是最先进的跨世纪巡洋舰。美国海军所说的“三件宝”，在它身上都配备了，这就是：宙斯盾、“战斧”和导弹垂直发射系统。

日本“大和号”战列舰

日德兰海战中表现不凡的德国战列舰，为各国新一代战列舰设计提供了许多可供借鉴的宝贵经验，而根据战争结束时缔结的《凡尔赛和约》，战败的德国只能拥有一支小规模的海军，德国海军在战后十几年中没有什么发展。而日本作为第一次世界大战的战胜国，称霸亚洲和太平洋的野心不断膨胀，制定了庞大的远洋海军发展规划。20世纪20年代初期，日本海军经费在国家财政预算中增至1/3，决心要建成并维持一支战斗力很强的“八八舰队”（由8艘战列舰和8艘战列巡洋舰组成，每艘战舰的服役年限不超过8年）。

到20世纪30年代，不甘居二流海军强国地位的日本，单方面退出限制海军军备竞赛的“华盛顿海军协定”，该协定规定英、美、日、法、意五国海军主力舰总吨位比例为5∶5∶3∶1.67∶1.67，战列舰吨位不超过3.5万吨，舰炮口径不超过16英寸（约406毫米）。1934年1月，日本在修改帝国国防方针时，把远东和一大半太平洋划入势力范围，正式将美国列为假想敌，随后制订了对美作战的战略计划。日本海军的判断是：美方依然实施“大舰巨炮主义”，要夺取太平洋战场的胜利，对美作战仍需靠战列舰，开战初期即消灭美部署于远东的海军主力，摧毁或夺取海军在远东地区赖以活动的基地，进而歼灭由美本土前来增援的舰队。日本海军认为，在战斗舰艇数量方面难以同美国抗衡，必须以质取胜，以大取胜，于是决定秘密建造2艘“大和”型战列舰，分别称为“大和号”和“武藏号”。此型舰装载18英寸（约460毫米）口径大炮，标准排水量6.4万吨，满载排水量达7.3万吨，其装甲很厚，即使同时被两条鱼雷或数枚重磅航弹命中也不致影响战斗，堪称是世界上吨位最大、攻击和防护力最强的超巨型战列舰。

“大和号”的设计方案出台后，曾在海军内部征求意见，时任日本海军航空本部长的山本五十六提出异议：“在未来海战中，航空力量

“大和号”战列舰

将起决定性作用。战舰不论造得多大，也无法抵抗日益发达的成群飞机的攻击。应该用建造大和型战列舰的巨额经费，发展航空母舰和海军航空兵，这样才能使日本海军真正强大起来。”

日本海军舰政本部长中村良大将等决策人物，仍信奉“大舰巨炮主义”，他们根本听不进山本五十六的逆耳之言。在最后讨论是否建造新型战列舰的会议上，中村良振振有词地说：

“第一次世界大战以来的经验证明，航空母舰和飞机只是舰队的辅助性武器，决战还要依靠主力战列舰的大炮。迄今为止，世界海战史上，还没有一艘战列舰被飞机击沉过。我虽然不能绝对保证，但确实可以造出不易击沉的军舰。”

“大舰巨炮主义”仍在日本海军中占据主流地位，山本五十六的反对未能奏效。1937年，“大和”、“武藏”正式投入建造。设计者还曾想将主炮口径增至约510毫米，后因预算经费不足，才安装了约460毫米舰炮。“大和号”战列舰于1941年12月建成服役。舰全长263米，宽39米，型深18.9米，吃水10.4米。武器：3座三联装460毫米主炮，4座三联装155毫米副炮，弹射起飞的水上飞机7架。主炮塔前装甲

650毫米，司令塔装甲500毫米，甲板厚230毫米。主机为4台蒸汽轮机，15万马力，4轴推进，16节时续航力7200海里。舰员编制平时2200人，战时2700人。

迷信大舰巨炮制胜论的人们兴奋不已，称“大和号”为无坚不摧、固若金汤的海洋钢铁堡垒。日本军国主义者对它的期望值很高，认为从此日本海军可以任意驰骋太平洋，可与美、英海上力量抗衡了。

然而，山本五十六的预见后来不幸成为现实，中村良的铿锵誓言被彻底粉碎。在第二次世界大战的太平洋战场上，“大和号”几乎没有用武之地。它的9门口径460毫米巨炮虽然能将1460千克的炮弹射到42千米之远，但美国航母特混舰队全在其射程之外，而从航母起飞的飞机却能随心所欲地对这个庞然大物进行轰炸。“大和号”作为日本联合舰队旗舰参加了中途岛海战及后来的玛利亚纳和莱特湾海战，均无所作为。

1945年4月7日，“大和号”率8艘驱逐舰和1艘轻型巡洋舰驶向冲绳海区，企图攻击正在冲绳岛登陆的盟军。但尚未抵达预定海区，在九州西南方向即遭到美国航母舰载机群的轮番轰炸。12枚鱼雷、7枚重磅炸弹和数十枚航弹命中了“大和号”。“大和号”顿时火光冲天，不久即沉入九州坊岬附近海域。日本军国主义者企图以世界上最大、最强的“大和”舰，作为超级战列舰时代的开端，但它却成为海军舰艇史上寿命最短的战列舰。

“大和号”的沉没，标志着战列舰时代和“大舰巨炮制胜”理论的终结，也为日本帝国海军从明治建军起的70余年历史画上了一个句号，并宣告日本军国主义的末日来临了！

清朝的“定远”级铁甲战列舰

“定远”号战列舰和“镇远”号战列舰同属“定远”级战列舰，这种铁甲舰在当时海军中的地位相当今天的航空母舰，“定远”号战列舰和“镇远”号战列舰堪称当时的“亚洲第一巨舰”。“定远”级战列舰长94.5米、宽18米、吃水6米，正常排水量7144吨、满载排水量7670吨、动力为两部水平式三汽缸往复式蒸汽机，8座圆式燃煤锅炉，功率6200匹马力，航速14.5节，续航能力4500海里/10节，由3台发电机提供70千瓦的电力。装甲总重为1461吨、铁甲堡水线上

当时的亚洲第一舰——
“定远”号

装甲厚355.6毫米、水线下装甲厚304.8毫米、305炮座装甲厚304毫米，炮盾厚15毫米，司令塔装甲厚203毫米，载煤量700吨、最大载煤量1000吨、编制329 ~ 363人。两舰均参加了1894年9月17日的黄海大战，由于北洋水师突然遇敌准备不足，“定远”号战列舰、“镇远”号战列舰弹药匮乏，在海战中未能充分发挥战斗力。两舰又参加了其后的威海卫保卫战，1894年11月14日“镇远”号战列舰在进港时因不慎触礁受伤，又因旅顺船坞被日军攻占而无处修理，无法再出海作战，管带林泰曾于次日夜引咎含恨自杀。“定远”号战列舰于1895年2月4日夜被突入港内的日军“第九号”鱼雷艇偷袭而受伤，9日“定远”号战列舰被日军由占领的炮台炮火击中受重创，次日“定远”舰被迫自爆。

德国“俾斯麦”号王牌战列舰

“俾斯麦”号战列舰是第二次世界大战期间德国最先进的战列舰，以德意志帝国“铁血首相”俾斯麦的名字命名。“俾斯麦”号战列舰于1939年下水，1940年服役。满载排水量5.3万吨，舰长251米，舰宽36米，吃水10.2米，航速30节，续航力9280海里；装备380毫米主炮8门，150毫米舰炮12门，105毫米舰炮16门，37毫米高炮16门，20毫米机关炮12门，533毫米鱼雷发射管6座，载“阿拉多196”型飞机6架。舰舷装甲厚度145 ~ 320毫米，炮塔装甲厚度200 ~ 380毫米。舰员2000余人。1941年5月18日，在舰队司令吕特晏斯海军上将率领下，“俾斯麦”号战列舰与“欧根亲王”号巡洋舰一起，从格丁尼亚港出航驶往大西洋，企图破袭英国海上交通线。21日，在通过卑尔根群岛附近海域时，被英国侦察机发现，英国调动本土舰队的全部兵力堵截。23日傍晚，德国舰队在通过丹麦海峡时，被英国“萨福克”号巡洋舰发现，于24日晨与英国舰群（战列舰1艘、战列巡洋舰1艘、驱逐舰6艘）相遇，展开丹麦海峡之战。在战斗中，“俾斯麦”号战列舰多次遭到英航空母舰舰载机攻击及战列舰、巡洋舰舰炮和鱼雷攻击，27日在布雷斯特西南450海里处沉没。此后，德国海军开始放弃使用大型水面舰艇驶入大西洋破坏盟军海上交通的计划，英国海军得以抽出更多的兵力投入海上进攻。

美国“伯克号”导弹驱逐舰

“伯克号”是1988年开始建造，20世纪90年代开始服役的。它的排水量满载时为8500吨，最高航速32节，在20节航速下续航力为4400海里。

有人给“伯克号”归纳了“四个第一”。

第一艘装备“宙斯盾”系统的驱逐舰，它具有搜索、跟踪、处理多批目标和同时引导多种武器进行攻击的能力，对付导弹饱和攻击的能力以及较强的对海、反潜能力。它比美国历史上任何一级驱逐舰都要先进。

第一个采用导弹垂直发射系统的驱逐舰。大家都知道这种发射系统有许多好处，发射速度快，节省舰上的空间，在同样空间内垂直要比横卧发射多装弹25%，而且导弹可以混装，作战时需要什么导弹只要选择按钮一按就行，这一点美国的其他驱逐舰还不具备。

第一个具备核攻击能力的驱逐舰。它发射的“战斧”导弹中就有

“伯克号”导弹驱逐舰

核弹头。过去美国的驱逐舰都不具备这种能力，这就使美国又多了一种核攻击舰种，也使驱逐舰成为一种战略武器。全世界驱逐舰中，独此一家。

第一艘采用舰型宽、水线面丰满、水线以上外飘、首部呈V形剖面的舰型，它改变了美国传统的舰型，使舰型变得宽而短，提高了耐波力，它更有利于跟航母编队游弋于世界各大洋之中。

“伯克号”导弹驱逐舰

许多军事家认为，有了“伯克”级导弹驱逐舰，美国就能轻松地维持15个航空母舰战斗群和4个战列舰战斗群。因为该舰突出了防空和核攻击能力，有足够能力对付空中两次饱和攻击，大大提高了航母编队的安全性。

美国人对当代海战中水面舰艇暴露出来的问题格外重视，他们研究了中东战争中以色列驱逐舰被导弹击沉的教训，也研究了英国在马岛战争中“谢菲尔德”驱逐舰被击沉的教训，在设计建造“伯克号”驱逐舰时更加重视提高舰艇的生存能力。许多军事专家说，在“伯克号”的设计上努力改进了四个薄弱环节：

（1）重视舰型隐形性。英国和以色列的驱逐舰，之所以遭导弹攻击，其中一个重要原因是目标暴露，首先被敌人雷达捕捉住。雷达波反射截面越大，被敌方发现的距离就越远，危险性也越大。以色列的驱逐舰，英国的“谢菲尔德”号，都是舰型上层建筑直角太多，因此，它们一出现就很快被敌方雷达捕捉。针对这一点，“伯克号”的上层建筑尽量不用直角造型，桅杆高度、上层外壁都有一定倾斜度，同时选用了吸波材料。

“伯克号”还采用了最新航行技术，控制噪声辐射，降低敌方声呐的探测率。“伯克号”的螺旋桨采用了通气降噪系统和气幕屏蔽系统。

（2）采用总线结构分布处理式作战系统，并将它移到水线以下的装甲保护舱内。这是吸取了马岛英舰“谢菲尔德”，仅被一枚导弹命中舰桥指挥中心就失去战斗力的教训。“伯克号”不但把通信系统、计算机舱、弹药库移到水线下，而且都采用了“凯夫拉”轻型复合装甲材料进行防护。这样就提高了作战系统的生存能力。

（3）“伯克号”首次采用新型封闭式三防区。密封区内跟外界空气不直接流通，以防外界污染空气进入。外部空气进入舱内密封区，都要经过滤器的通道才能进入。这有利于提高三防（防核、生物、化学）能力。

（4）“伯克号”的上层建筑采用钢材结构，代替以往的铝合金。这是吸取“谢菲尔德号”被烧毁的教训。这些钢板的耐高温、抗冲击性能比普通钢板的强度高出数倍，这就提高了抗核冲击的能力。

欧洲最好的级驱逐舰

地平线级驱逐舰是英国以及意大利联合设计制造的一种新型防空驱逐舰，在英国退出之后，法国和意大利继续执行该计划。

近年来，欧洲的大部分国家都纷纷计划于2015年左右全面更新其武器装备，法国、意大利两国自然也不甘落后。法国和意大利又都是海洋国家，因此，发展海军也就势在必行。但是研制一种新型驱逐舰的耗费较高，而且仅靠自己国家的技术也不够全面，为了成本和性能等方面的考虑，法国和意大利决定联手研制一种新型驱逐舰。

在动力方面，都为2台LM 2500燃气轮机和2台柴油机，总功率可达5.1万千瓦，柴燃联合推进，不但大大增强了其续航能力而且最高航速也可以达到29节，此外，由于自动化程度很高，这种7000吨的军舰仅需不到200名官兵即可操作。

地平线级驱逐舰

地平线级驱逐舰装备的“主防空导弹系统”(PAAMS)，由EMPAR雷达、“席尔瓦”垂直发射系统以及“紫菀”导弹组成。“席尔瓦”垂直发射系统由法国研发，共有A43和A50两种型号。A43型的发射深度较浅，只能装填“紫菀”15导弹。A50型的发射深度较深，不但可以发射“紫菀”15，还可以发射“紫菀”30导弹，而且这两者占用的面积都相同，每个发射模块都为8个发射单元。“地平线”采用的 A50 配置 6 组发射模块，也就是 48 个单元，共装有 16 枚“紫菀”15 和 32 枚“紫菀”30 型导弹。

在反舰方面，地平线级装备的是“飞鱼”反舰导弹。法国国防部于 2002 年 10 月 23 日正式批准了 MM 40Block3 增程型“飞鱼”反舰 / 对陆攻击导弹的研发。

MM 40 Block3 型“飞鱼”反舰导弹以涡轮发动机取代以往使用的火箭发动机，其射程由 MM40 的 75 千米大幅增至 180 千米以上，而且在重量上不增反减，由原先的 870 千克降至 780 千克，使得导弹的末段机动性能和突防能力大大增强。MM 40 Block3 反舰导弹使用的是“紫菀”防空导弹的向量推力系统，能在发射后立刻转向目标，这使 MM40 Block3 具备兼容于垂直发射系统的潜力。

在反潜作战上，地平线拥有两座三联装鱼雷发射系统，能够发射 MU-90 324 毫米轻型鱼雷。这种鱼雷的航速高达 50 节，攻击深度达到 900 米以上，有效射程约为 11 千米。

“勇敢”级 45 型驱逐舰

英国海军 45 型计划受益于“地平线”护卫舰计划完成的工作，比如主动防空导弹系统(PAAMS)、武器系统和船舶的一些内部的体系结构。

英国海军首批计划建造 3 艘“勇敢”级 45 型驱逐舰。2003 年 3 月开始建造“勇敢”级的首舰 HMS(英国皇家海军舰船)“勇敢”号，2007 年进入英国海军服役。第二艘 HMS“不屈”号和第三艘 HMS“金刚石”号陆续在 2009 年进入英国海军服役。随后三艘已经被命名为 HMS“天龙座”号、HMS“保卫者”号和 HMS“邓肯”号。英国海军“勇敢”级 45 型驱逐舰排水量达到约 8000 吨，设计最高速度高于 27 节，航程大于 7000 海里。

英国海军“勇敢”级 45 型驱逐舰的主要任务是提供局部区域舰队

“勇敢”级 45 型驱逐舰

防御，使用远程雷达和具有广泛的区域防空能力。战舰的战斗系统也有能力管理飞机和特混舰队的联合防空战斗操作，发挥指挥舰的作用。45型装备的武器系统能拦截各种空中威胁，包括非常敏捷、机动操纵具有重新攻击模式的高性能反舰导弹，也配备近战武器系统用于末层防御。

英国海军“勇敢”级45型驱逐舰主要武器系统是主动防空导弹系统，主要由法国、意大利和英国3个国家合作开发。

主动防空导弹系统的防空导弹主要是中程“阿斯特”30型防空导弹。该导弹具有相当的机动性，这是通过使用非常先进的侧向燃气推力控制(PIF)／气动飞行控制(PAF)制导系统获得的。

首批3艘英国海军“勇敢”级45型驱逐舰主动防空导弹系统配备6套8单元由法国舰艇建造局(DCN)设计的DCNSylverA50垂直发射装置。为了达到武器装备与美国海军的兼容性，第二批建造的45型驱逐舰的垂直发射系统将采用美制MK41系统，可发射“战斧”巡航导弹、“标准”2增程型和“标准”3A战区防御型导弹。目前英国海军正在考虑配备欧洲导弹设计局(MBDA)研制的Scalp巡航导弹和配套的16单元SYLVER(A70)垂直发射装置。

该舰动力系统仅使用2台先进的WR-21循环燃气轮机发动机，热交换器使用中间冷却器和回流换热器(ICR)，节约有效空间和燃料。回流换热器能够从废气中补偿能量去增加燃料效率。每台发动机提供25兆瓦动力。

2006年2月1日，英国45型驱逐舰首艘“勇敢”号自亚罗船厂下水后不久，英海军开始对45型驱逐舰进行重大改进，使它成为不但具有强大防空能力，又具有强大近海作战能力和对陆纵深打击能力，同时兼备反舰、反潜能力的多功能战舰，成为英海军“全球舰队”中的“全能武士”。

据英海军官员声称，经过改进的45型驱逐舰未来既可作为英“全球舰队”的主要成员之一，亦可单独使用。45型驱逐舰配备的主要防空导弹系统具有强大的防空能力，可以支援在沿海和内地作战的联合远征部队，同时它还可提供区域、局部区域和点防御能力。作为一个可能单独使用的作战平台，45型驱逐舰有防空、反舰、反潜和对陆攻击的全面作战能力。

最先进的 F-100 级护卫舰

西班牙海军最新服役的 F-100 级最核心的一点就是有很强的区域防空作战能力，主要得益于美制“宙斯盾”系统的强大威力。该级舰的造价仅为美国的“阿利·伯克”级驱逐舰的一半，却拥有与其“几乎完全相同”的能力，两者最大的区别是目前 F-100 级不能发射诸如“战斧”巡航导弹的能力。F-100 级护卫舰具有的防空战、反潜战、反水面战以及电子战和先进的通信能力，将成为西班牙海军舰队未来的中流砥柱。

F-100 级护卫舰采用了四层甲板的概念，从底部向上，分别是压载舱、第一层甲板、第二层甲板和主甲板。主甲板是舱室甲板，第二层甲板则为损管甲板。为了增强护卫舰的防火能力，舰体被主舱壁隔离成多个垂直的防火区，防火区之间的间隔少于 40 米。为保证护卫舰的抗沉性，舰上还具有 13 个横向防水舱壁，其抗沉性能完全达到了美军的作战标准。

F-100 级护卫舰的作战系统完全是围绕着“宙斯盾”系统来开发的，安装有美国的 AN/SPY-1D 雷达、

3 F-100 级护卫舰

MK41 导弹发射装置、2 套火力指示器以及相关的指控系统，从而具有强大的防空能力。在反潜战、反水面战方面，西班牙海军并未全部选择美式装备，而是选择了西班牙本国的传感器和武器，并由伊扎尔公司开发的 FABA 指控系统来控制。FABA 指控系统完全与“宙斯盾”的指控系统集成，形成了一套完整的指控系统。

F-100 级护卫舰选择了 AN/SPY-1D 雷达作为作战系统的主传感器。该雷达是一种多功能相控阵雷达，可在设定区域内搜索、自动探测、跟踪空中和水面目标。由于使用了数字控制、高输出功率和先进信号处理系统，AN/SPY-1D 雷达可以搜索和跟踪多个目标，并与“标准”-2 型导弹相连，为“标准”-2 导弹提供制导以及接收导弹的状态信息。另外，F-100 护卫舰还安装了 MK 99 mod 7 型发射制导系统。该系统可发射 X 和 CW 波段射频，

用于在“标准”-2导弹的末端飞行阶段的制导。

西班牙海军为F-100级护卫舰选择了MK41垂直导弹发射系统，用于护卫舰的空中防御。该系统拥有6个8单元发射模块，可发射“标准”-2型导弹或改进型“海麻雀”导弹。除此之外，F-100级护卫舰还安装了IFF 100FR敌我识别系统，该系统包括了3个子系统：询问器、无线电发射机应答器和测试设备，加强了舰与舰之间的识别能力。

“光荣”级导弹巡洋舰

“光荣”级导弹巡洋舰继“卡拉”级之后被建造出来，于1983年在黑海海域首次亮相。该舰最初被西方情报界称为“BlackCom1”级，也就是后来人们所熟知的“克拉辛那”级，但按照首舰命名的习惯被称为“光荣”级。“光荣”号(现称“莫斯科”号)于1976年在尼古拉耶夫造船厂开始建造，1979年下水，经过大量试验之后于1983年服役。

从“光荣”级战舰的舰体可以看出，它的设计源于“卡拉”级大型反潜舰，增加了战舰长度以便留出空间装备新的武器系统。此外，这种比“卡拉”级更大的尺寸也提高了战舰稳定性，同时还可以增加雷达天线杆的高度。装备的两个烟囱能够彻底排出燃气涡轮推进系统所产生的废气。

“光荣”级为平甲板大型燃气轮机导弹巡洋舰，其首柱前倾斜度较大，有利于减小前甲板淹湿；舰体具有显著外倾，以进一步改善舰艇的耐波性。从整舰外形看，该级采用“三岛式”设计方法，上层建筑分为首、中、尾不相连接的三段，有利于武备、舱室的均衡布置和提高舰艇的稳性，此为光荣级区别其他大型舰艇的一个显著标志。

在“光荣”级的中部上层建筑前端平台上设有2部“椴木棰”火控雷达，用于对舰中部两舷4座30毫米近防炮进行控制。而在该上层建筑的桅杆（后桅杆）上则设有1部“顶对”对空搜索三坐标雷达，该雷达具有探测183千米外2平方米目标的能力。此外，在该桅杆两侧还集中设置有各种电子战设备，

“光荣”级导弹巡洋舰

主要包括“边球”、“酒桶”、“钟钳”等，用于控制诱饵发射系统，实施电子对抗或干扰敌方掠海飞行的导弹。

“光荣”级舰以先进的全燃联合动力装置作为推进系统，包括6台苏联研制的第三代燃气轮机，其中4台为加速机，功率为64.68兆瓦；2台为巡航机，功率14.7兆瓦。巡航速度航行时，可使用2台巡航机工作；快速航行时，可使用4台加速机工作；在高速（全功率状态）航行时，同时使用6台燃气轮机工作，各台机器之间转换灵活方便，可根据需要随意调整，既满足高速航行需要，又满足低速航行时节省燃油的要求，具有经济、可靠、续航力高等优点。

22350新型护卫舰

22350新型护卫舰是俄罗斯北方造船厂于2006年开始建造的，是苏联解体15年后俄罗斯海军第一艘远海远洋战舰，注入了各种高技术，特别是应用了最先进的信息技术和制导技术，具有对水面、水下和空中打击的能力，配备有各型导弹和其他作战系统，火力强大，功能齐全，必将在未来战争中大显身手。

2006年2月1日，俄罗斯北方造船厂在圣彼得堡举行了首艘22350型护卫舰“戈尔什科夫海军元帅”号的开工建造仪式。尽管该型军舰被称为护卫舰，但其排水量却超过了大多数驱逐舰。22350型新型护卫舰由圣彼得堡北方设计局设计。2011年定型，投入生产，估计将于2015年前后服役。

22350型护卫舰突出隐形特点，从外形上看其采用了干舷外飘、上层建筑立板内倾的多面体设计，这样就可以让不同方向照射来的雷达电波向多个方面反射，从而减少回波强度，此外在平面与平面交接处采用平滑过渡，以减少全舰垂直反射面，同时最大限度地减少舰船上暴露的舾装件，比如舰载导弹系统采用垂直发射系统、鱼雷发射系统及救生艇等遮蔽起来，整个舰艇表面光滑，减少雷达的散射，从而进一步减少了舰艇的雷达反射面积。

22350型护卫舰火力强大，几乎相当于一艘巡洋舰。舰上装配各种新型无线电电子设备和现代化指挥控制系统；配备有当今最新的现代化武器装备和指挥控制系统，包括8枚“红宝石”反舰巡航导弹、A–192新型130毫米舰炮、“蝼蛄”–2反潜导弹系统、“飓风”中程防空导弹系统以及1架卡–32

反潜直升机。

22350 型护卫舰的近程防空武器是“卡什坦”弹炮结合系统，该系统包括 2 门 30 毫米 6 管高射速机关炮，8 枚 SA-N-11 近程防空导弹。其导弹采用雷达光电复合制导，射程 15 千米 ~ 8 千米。模块下方有自动装填弹库，备弹 32 枚。

22350 型导弹护卫舰首舰开工建造具有较强的象征意义，充分表明俄海军已逐步摆脱困境，加速现代化舰艇换装进程，试图恢复昔日世界第二远洋海军的超强实力，从而全面维护国家海洋利益。

“弗吉尼亚”级核动力巡洋舰

20 世纪六七十年代，随着美国尼米兹级核动力航母的成功研制和陆续服役，美国海军仅有的 3 艘核动力巡洋舰已经无法满足需要。于是，美国海军提出了发展“加利福尼亚”级和“弗吉尼亚”级核动力导弹巡洋舰的计划。最终，“弗吉尼亚”级核动力巡洋舰建造了 4 艘。其首舰“弗吉尼亚”号于 1972 年开工，1974 年下水，1976 年 9 月服役。该级舰是美国海军的第四级核动力导弹巡洋舰。

“弗吉尼亚”级核动力巡洋舰的主要任务是与核动力航母一起组成强大的特混编队，在危机发生时迅速开赴指定海域，为航母编队提供保护，并为两栖作战提供支援。

“弗吉尼亚”级核动力巡洋舰是第一艘全综合指挥与可控制的导弹巡洋舰，具有独立或协同其他舰艇对付空中、水下和水面威胁的作战能力，具备在全球范围内执行各种作战任务的能力。该舰设计时采用了大量的自动化技术，因而比加利福尼亚级减少了约 100 名舰员。此外，它还着重考虑了全舰的居住性，其生活条件较为舒适，以利于舰员长期在海上生活执行作战任务。

“弗吉尼亚”级核动力巡洋舰

“弗吉尼亚”级舰装备了美国海军当时最先进的综合指控系统和武器系统，而且在建造时就考虑了以后的改装需要，在舰体尺寸等各方面都留有较大修改余地。自 20 世纪 80 年代以来，该级舰先后进行了数次改装，以增强防空、反潜等方面的作战能力，并具备了对地攻击能力。

“弗吉尼亚”级核动力巡洋舰的作战指挥系统非常先进，其作战情报中心位于舰桥下方，内设全集成的作战指挥系统。该作战指挥系统由 19 个操作显控台、7 台 UYK-7 型计算机和 2 个大型水平显控台组成。使用公用计算机进行各种数据处理，武器分配并入指控程序，所有计算机控制均在作战情报中心内以利于提高信息交换率，完善武器协调性和缩短反应时间。

“弗吉尼亚”级核动力巡洋舰装有 SPS-40B 两坐标对空雷达、SPS-55 对海搜索雷达、SPS-48A 三坐标对空警戒雷达、SPS-51、SPS-60 和 SPQ-9A 火控雷达、SQS-53 舰壳声呐等大量电子设备。

“提康德罗加”级导弹巡洋舰

“提康德罗加”级导弹巡洋舰是美国海军在航空母舰之外最有战斗力的海上武器之一。作为美国海军最早安装“宙斯盾”防空系统和“战斧”巡航导弹的军舰，“提康德罗加”级导弹巡洋舰具备高效的防空性能和强大的对地攻击能力。

“提康德罗加”级巡洋舰最大的特点就是安装了“宙斯盾”防空作战系统。这套以古希腊神话中主神宙斯使用的盾牌为名的“全自动指挥与武器自动控制系统”由最先进的相阵控雷达和计算机设备组成，可在开机后的 18 秒内对 400 个目标进行搜索，跟踪其中 100 个目标，并指挥 12~16 枚导弹攻击敌人，是当之无愧的神之盾牌。

“提康德罗加”级巡洋舰的建造费用惊人，首舰的建造费用为 9.38 亿美元。由于其性能出众，自 1983 年首舰服役以来，“提康德罗加”级巡洋舰的建造数量一再增长。最初美国海军打算建造 8 艘，到了 1992 年最终决定建造 27 艘。“提康德罗加”级巡洋舰也成为世界海军史上建造数量最多的一种巡洋舰。

“提康德罗加”级巡洋舰是目前世界上防空性能最为卓越的战舰，舰上装有射程达到 73 千米的“标准”舰空导弹。早期的“提康德罗加”级巡洋舰只装备了 68 枚“标准”导弹，且发射间隔时间过长，后期的“提康德罗加”级巡洋舰采用了更快捷

“提康德罗加”巡洋舰发射导弹图

的垂直发射系统，平均一秒钟可以发射一枚导弹，“标准”导弹的携带量也增加到了122枚，足以抵挡大密度的饱和攻击。

在反舰方面，“提康德罗加”级巡洋舰按照美国大中型舰船的标准配置装有2座4联装的“鱼叉”反舰导弹。此外，舰上2座MK45型127毫米舰炮也具有强大的反舰火力。该炮可发射重量为32千克的精确制导炮弹，最大射程达40千米。炮弹的战斗部含有72颗子弹，射击误差不超过10米。

世界上最大的常规动力航空母舰

“小鹰”号标准排水量为6.01万吨，满载排水量达81123吨，舰长323.6米，舰宽39.6米，吃水11.4米，是世界上最大的常规动力航空母舰。动力装置为4台蒸汽轮机，最大功率28万马力，最大舰速为32节，以20节航速巡航时可连续航行350小时、1.2万海里。

拥有4部飞机升降机和4座蒸汽弹射器，每隔30秒即可弹射1架舰载机升空作战。舰上贮燃油7800吨、航空汽油5882吨、航空弹药1600吨。装备3座M29八联装北约“海麻雀”航空导弹发射装置、3座MK15“火神密集阵”6管20毫米舰炮；配备SPS48E、SPS49(V)5、SPS67、MK23TAS搜索雷达各1部，SPN41、SPN32A、SPN44、SPN46引导雷达各1部，SPN64(V)9导航雷达1部，MK95火控雷达6部，MK91导弹发射火控系统3部，WLR3雷达预警系统、WLR11瞬时测频接收机、SLQ29电子战系统、SLQ36“水精”鱼雷防御系统各1部，MK36舰载无源干扰发射器4部。另外，还装有海军战术数据系统、“塔康”系统、OE82卫星通信无线、SSR1接收机、WSC3收发信机等指挥、控制与通信系统。

“小鹰”号常规动力航母

“小鹰”号从底层到舰桥顶部大约有18层楼房那么高。最下面几层是燃料、淡水、武器弹药舱和轮机舱；第五、第六层是水兵住舱、行政办公室、食品库和餐厅；第七、第八层是舰载机维修间、维修人员和雷达操纵人员的住舱；第九、第十层是机库、战斗值班室和飞行员餐厅。而十层以上为上层建筑（即甲板以上突出的部分），有8层楼房那么高，由下而上分别为消防、医务、导弹、电梯人员住舱，工具、通讯及电气材料库，军官住舱，司令部及舰长参谋人员、新闻人员工作室和休息室等。

在“小鹰”号上工作的人员多达5480人，其中包括舰员2930人（军官154人）、航空兵人员2480人（军官320人）、司令部人员70人（军官25人）。舰上配舰长和副舰长各1人，下设10个部门和1个舰载机联队。舰长为海军上校军衔，副舰长为中校或上校军衔。美海军对航空母舰舰长和副舰长的要求非常严格，规定：只有在舰上驾机起降过800～1200次、有4000～6000小时飞行纪录、担任过飞行中队长或航母舰载机联队长职务的优秀指挥军官才有资格担任航母舰长和副舰长。

“小鹰”号航母设有作战、航空、航海、武器、轮机、医务、牙医、供应、安全和飞机中级维修等10个部门。每个部门配部门长和部门长助理各1人，下设若干分队。各部门中，以作战、航空和飞机中级维修这3个部门最为重要。

作战部门负责制订作战计划、组织战备训练，完成指定的情报搜集、鉴别与传送，对空中飞机实施作战控制，进行视觉与电子通信、实施电子战、提供气象与海浪预报等，下设作战训练、情报、通信、电子战、气象等分队，分别由作战官、训练官、情报官、通信官、电子战官、气象官等领导。

航空部门是其中最大的部门，占舰员总人数的1/5强。主官是航空部门长，士兵们常常戏称他为“航空老板”。“航空老板”在舰长的领导下负责保障飞机的起降、吊放、加油、装弹和飞行安全在内的空勤任务，其主要助手是航空部门长助理。航空部门下设行政管理与塔台分队、飞机起吊分队、甲板飞机牵引分队、引降装备操纵分队和加油与装弹分队，由飞行甲板官、飞机弹射官、拦阻官、机库甲板官、航空燃油官、装弹官、飞机起吊官以及行政助理、训练助理等领导。

飞机中级维修部门负责督促和领导航母舰载机的维修保养工作，

保证舰载机联队始终处于良好的战备状态。该部门由4个分队组成，即行政管理分队、飞机中级维修分队、机载设备维护分队和甲板支援设备维护分队，主要人员都是一些经验丰富的飞机维修与保养技术人员，人称“飞机保健医生”。

航海部门负责航母的航海安全与导航以及航海器材的管理与保养；武器部门负责舰上武器的操作、维护和修理，进行反潜搜索和攻击，保管爆炸物品、导弹和核武器；轮机部门负责所有推进器和辅机的运行和维修；安全部门负责实施和协调航母和舰载机联队的安全计划，辖有1个50人的舰上陆战队保安分队；医务部门负责医治伤病员，进行卫生、健康讲座、指导战场急救；牙医部门负责牙科治疗，进行口腔卫生指导，透视照相；供应部门负责购买、接收、储存和发放物品，进行装备统计、零件修理、分配电影、并向舰上人员供应个人消费品。

航母战斗群

另外，“小鹰”号航母上还编有2名随军牧师，负责舰上的宗教事务处理。

美国海军航空母舰在执行任务时，一般配属4～8艘水面作战舰只、1～2艘潜艇和1～2艘后勤辅助舰船，组成航母战斗群。从1992年6月起，美海军一改过去临时抽各型舰船组成航母战斗群的做法，以12艘航母为核心组建了12个常设航母战斗编队，每个航母战斗群所辖兵力平时即在一起训练、一起部署，从而大大提高了航母战斗群的应急反应能力。“小鹰”航母战斗群由“小鹰”号航空母舰、第15航母舰载机联队组成，现配属2艘“提康得罗加”级导弹巡洋舰、2艘“伯克级”导弹驱逐舰、2艘斯普鲁恩斯级驱逐舰、1艘“洛杉矶级”核动力攻击潜艇和1艘“萨克拉门托”级快速战斗支援舰。

小鹰航母战斗群司令部设在“小鹰”号航空母舰上，编制人数为70人（其中军官25人），下设人事、情报、作战、通信和后勤5个科，负责对航母战斗群编制内的所有空中、水面和水下兵力实施作战指挥和战备训练，司令为海军少将军衔。

世界上第一艘核动力航空母舰

“企业”号航空母舰是美国海军“约克城”级航空母舰的第二艘，于1933年批准建造，次年7月在弗吉尼亚州纽波特纽斯市的纽波特纽斯造船厂开工，1936年10月下水，1938年5月服役。建成时标准排水量1.98万吨，满载排水量2.55万吨。舰长246.7米，飞行甲板宽33.4米，吃水7.9米。“企业”号航空母舰拥有9台锅炉，4座帕森斯蒸汽轮机，主机输出功率12万马力；最高航速可达32.5节，续航力1.25万海里；装备8座单管127毫米炮，4座四联装28毫米机关炮，24挺12.7毫米高射机枪；舰载机90架左右。

“企业”号航空母舰服役后，最初在美国东海岸活动。1939年4月加入太平洋舰队。1941年珍珠港事件时，该舰因执行任务并在返航途中遭遇恶劣天气推迟返港而侥幸逃过一劫。1942年6月中途岛海战，“企业”号与同级“大黄蜂”号、“约克城”号航空母舰埋伏在中途岛东北海域，一举击沉日本海军机动部队的4艘航空母舰。其中，“赤城”号航空母舰、“加贺”号航空母舰、“飞龙”号航空母舰以及一艘巡洋舰都是“企业”号航空母舰的舰载轰炸机的战果。1942年美国海军与日本联合舰队在西南太平洋海域争夺瓜达尔卡纳尔岛控制权之战中，“企业”号航空母舰两次被炸弹击中而负伤。“企业”号航空母舰1947年2月17日退役，转入大西洋预备舰队。在太平洋战争中，“企业”号航空母舰九死一生，取得了20颗战役之星奖章，并成为美国第二次世界大战唯一一艘同时荣获总统集体嘉奖和海军集体表彰的航空母舰。

世界上最轻级航空母舰

1950年，意大利加入北约组织。为了能尽快扭转海军弱小的困境，意大利人决定尽快建造大型作战军舰。但是，刚刚战败的意大利，国内经济不景气，对壮大海军来说，是心有余而力不足，直到20世纪60年代，意大利才建成了2艘主要承担反潜任务的巡洋舰“安特列亚·道里号”和“卡伊奥·杜利奥号”。1969年7月建成了准航空母舰“维·维内托”号直升机航空母舰。

尽管“维·维内托”具有反潜和对付敌快速舰艇的能力，且装备有9架反潜直升机，然而，它毕竟不是真正的航空母舰，且随着前苏联海军舰队在地中海兵力的不断加大，意大利海军越来越感到建造真正意义的航空母舰的重要性，因而制订了“1975~1984 年十年舰艇计划”，拨出 1663.81 亿里拉的专款。

有了 1663.81 亿里拉的拨款，意大利军方和意大利联合造船公司开始了其战后第一艘真正意义上的航空母舰的设计建造工作。然而，在建造什么样的航母问题上，意大利官方和军方都认为建造大型航空母舰技术复杂、耗资巨大，不符合意大利实际，而且 1663.81 亿里拉也不够。因此，他们决定建造具有本国特点的轻型航空母舰。不过，由于意大利是战败国，意大利人当时对外宣称是建造“载机巡洋舰”，并将这艘航空母舰命名为“加里波第”号。

“加里波第”号航空母舰

在意大利军舰建造史上，“加里波第”号首次以纵向布局不对称外形出现。

该舰的岛式上层建筑显得较大，在上层建筑内设有驾驶台、飞机控制室、作战指挥室等。岛形上层建筑位于舰的右舷。舰上的 2 座飞机升降机也位于舰体右舷，分别设置在上层建筑的前面和后面。升降机长 18 米，宽 10 米，载重能力达 15 吨，可快速将飞机移到机库内或从机库提升到飞行甲板上。上层建筑中间偏后部，设置在燃气轮机进排气道和烟囱，烟囱的前后设置两个舰桅，后部的主舰桅顶部平台设 RAT31S 型中程警戒雷达。

在岛式上层建筑的前部和后部，分别装有 1 座发射“毒蛇”导弹的 8 联装“信天翁”对空导弹发射装置。在舰体的首部两舷和尾部甲板末端各设有 1 座同“达多”近防火控系统相连的 40 毫米双管速射炮。在首部两舷各装有 1 座三联装反潜鱼雷发射管。此外，还在舰尾装有 4 具“奥托马特Ⅱ”对舰导弹发射筒。

该舰舰体全部用高强度钢建成，由于舰体各部分结构用计算机进行了最优化设计，故该舰满载排水量大大减轻，而其耐冲击能力却大为增强。为提高舰艇的稳定性，保证舰载机安全起降，该舰两舷舭部还

AV-8B 垂直短距起降飞机

装有两对减摇鳍装置。

该舰舰体被纵向排列的 13 个水密舱壁分成 14 个隔舱，垂向分为 5 个甲板层，底部为双层底，这就使该舰具备了较强的抗沉性。据测定，在任何 3 个舱进水的情况下，该舰都能保持稳定状态，不致倾斜或翻沉。

该舰飞行甲板为强力甲板，长 173.8 米、宽 30.14 米，飞行甲板前端设有倾斜度为 6°30' 的跃飞甲板，用于起飞“鹞”式垂直短距起降飞机。飞行甲板上可停放 6 架“海王”直升机或相应数量的垂直短距起降飞机。机库设在飞行甲板以下，高约 6 米，相当于两层甲板的高度；长约 110 米，相当于舰体总长度的 2/3；宽 15 米，总面积达 1650 平方米。放 12 架直升机或垂直短距起降飞机。机库内设有两道防火门，装有先进的灭火装置。

该舰生活起居舱室全部按照意大利的标准设计和布置，舰内全部安装有空调设施，居室宽敞舒适，用具齐全。

人们常常认为航空母舰是“浮动的海上机场”，在战时，一旦没有了护航舰艇，只能被动挨打。而“加里波第”号却不是这样，其最大的特点就是舰上装备有强有力的武器系统，远程、中程和近程各种武器配备齐全，反舰、防空、反潜三种武器皆备，其火力之强甚至超过一艘巡洋舰，这在全球航母中是绝无仅有的。可以这样说，“加里波第”号航空母舰既是一座搭载众多飞机的平台，也是一艘配备强大武器的海上突击战舰，它出动时根本不需像其他军舰那样与护航舰成群结队、浩浩荡荡。

"奥托马特Ⅱ"巡航导弹发射装置是"加里波第"号航母对舰作战的主要远程防御性武器，共设4座，4个发射装置上携弹4枚，舰上弹库贮弹6枚。该导弹射程较远，为180千米~200千米，具有超视界攻击能力，舰上有一套数据链，用于在导弹飞行的中间阶段内校正目标位置，并能用直升机作为真空中继站。该导弹发射时不需要精确对准目标，只要合理选择每枚导弹的飞行航迹、控制好发射时间，就能够使导弹从不同方位同时到达同一目标上空，具有饱和攻击效果。"奥托马特Ⅱ"导弹长4.46米，直径0.4米，战斗部重210千克，其弹头为半装甲式，可穿透40毫米装甲而进入敌舰体内爆炸，作战威力相当大，足以对付各种大型战舰。

该舰对空武器由2座"毒蛇"八联装导弹发射装置、3座"达多"40毫米双管速射炮和电子战系统组成。"毒蛇"导弹是一种中程对空武器，由"麻雀"导弹发展而来，导弹长3.7米，弹头重30千克，内装预成型破片，破片数约为1万片，具有较大杀伤概率。该导弹采用半主动雷达制导，最大射程为15千米~20千米，最近为0.5千米，速度为850米/秒，作战高度为15~5000米，反应时间小于10秒。导弹发射架上装弹16枚，舰上弹库贮存48枚。40毫米170炮具有近发引信的特制预分裂炮编导，发射率达600发/分，最大射程12.5千米，最大射高8700米，专门用于反导弹防御，具有反应快、射速高、火力密度强和设计精度高等特点。此外，该舰还设置两座SCLAR多用途火箭发射架，设有4个电子支援装置和3个电子干扰装置，在于截取电磁发射波并对其中最危险的部分进行干扰。多用途火箭发射架使用105毫米箔条干扰火箭，发射架上共装有20管，主要用于消极干扰或照明。

该舰的反潜武器，除直升机外，还有鱼雷发射装置，2座三联装MK32鱼雷发射管可发射美制MK46鱼雷。MK46鱼雷长2.67米，直径324毫米，追击航速45节，航程11千米，雷头装药44千克，航深450米，可有效地对付现今几乎所有的潜艇。然而，由于该型鱼雷需从国外购买，故平时只能以A-244型国产鱼雷代替。A-244型为音响自导鱼雷，其速度和航程都较小，难以对付现代高速、低噪音潜艇，故意大利正抓紧研制更加先进的A-290鱼雷，以代替MK46型鱼雷。为对付敌潜艇，该舰还有一个运用能够干扰鱼雷头概念设计而成的噪音发生器以及中程舰壳全景声呐，以便在敌潜艇发射鱼雷时能使鱼雷攻击失效。

除装一般的通讯和普航仪表外，“加里波第”号航母还装有探测、电子战与作战指挥方面的电子设备，尤其装有 C31 系统。探测系统具有高度的反电子干扰能力、射频捷变、杂波相消，精确率和分辨率高。

与所有航空母舰一样，舰载飞机同样是“加里波第”号航空母舰的称雄之本。“加里波第”号航空母舰的载机方案分为直升机方案和垂直短距起落飞机方案两种。直升机方案将搭载 18 架 SH–3D“海王”直升机；垂直短距起落飞机方案将搭载同样数量的 AV–8B Ⅱ（+）垂直短距起降飞机和 EH101 直升机（原先搭载 16 架“海鹞”飞机和 1 架“海王”直升机）。这些都是当今十分先进的飞机，被人们称为“21 世纪的作战飞机”。

“加里波第”号航母还具有在甲板上进行飞机大修的能力，有专门的修理场地和工作台。

“加里波第”号建成后，一度引起反对派的指责，认为该舰耗费海军的资金太多。然而，只要冷静地做一番分析，就能看出，“加里波第”号实现了最佳效费比，是应该肯定的。

“加里波第”号航空母舰的建成，标志着意大利海军正从海岸警卫队式的海军发展成为真正的蓝水海军，它所起的作用是意大利现有任何舰艇无法取代的，其拥有的作战能力和完成的作战任务也是其他任何舰艇无法替代的。而且，“加里波第”实际上也并不昂贵，举一个例子即可说明：建造“加里波第”号航母实际上用去了 5000 亿里拉，加上购买、维护和使用舰载机花费的 1×10^{12} 里拉，总共花费 1.51×10^{12} 里拉（当时 1 美元＝ 1180 里拉）。而同一时期建造的“西北风”级导弹护卫舰，每艘造价 2800 亿里拉。也就是说，建造“加里波第”的 5000 亿里拉花费的钱不足以建造两艘“西北风”级导弹护卫舰，而两艘“西北风”级护卫舰无论从战略威胁和作战能力上看，都无法与一艘“加里波第”号航母相比。

也有人说，“加里波第”号航空母舰吨位太小了，其满载排水量才 13370 吨，吨位甚至比一些巡洋舰还小。然而，与其他航空母舰相比，该舰作战能力并不低。该舰可搭载 18 架直升机或相应数量的垂直短距飞机，而比它吨位大的印度“维克兰特号”航母（满载排水量 1.95 万吨）仅搭载 6 架垂直短距起降飞机和 9 架直升机，巴西的“米纳斯拉斯号”航母满载排水量 19890 吨，只搭载 16 架飞机，而英国的“无敌”

级航母满载排水量逾2万吨，搭载的飞机量却与“加里波第”号相近。可见，“加里波第”虽然吨位小，但是战斗力强，而且，由于其自动化程度较高，舰员配备也相对较少，仅为550人。

总体来说，“加里波第”号航空母舰是一艘结构紧凑合理、动力装置先进、飞行保障充分、武器系统齐全、电子设备完善的新式轻型航空母舰，其卓越性能正引起全世界的关注。不少军事观察家认为，它将是未来经济欠发达国家建造航空母舰的主要参照舰，是第三世界国家购买航母的首选舰。

日本的第一艘航空母舰

“凤翔”号航空母舰是日本海军在海军支援舰的舰体基础上设计的，于1919年12月开始建造。这是日本的第一艘航空母舰，因此很多设计都有实验性风格。

“凤翔”号航空母舰采用岛式舰桥位于全通式飞行甲板的右侧；在舰桥之后的飞行甲板右舷安装三个带铰链的烟囱，飞机起飞时可以向外侧放倒，以免影响飞机起降作业；飞行甲板中线配置两部升降机，飞行甲板起飞段向下倾斜15°让飞机得以有更高的加速度。“凤翔”号经过试航后，发现飞行甲板较窄。为保证飞行安全，于1924年拆除了岛式舰桥。由于没有装备弹射器，因此之后的新型战机无法在“凤翔”号上起飞。

太平洋战争爆发前，该舰进行了现代化改装，为搭载新式战机延长了飞行甲板。中途岛海战后，又再度延长以及加宽飞行甲板。由于飞行甲板过度延长，导致第二次改装后的“凤翔”号航海性能不佳，只能在内海航行作为训练舰。正因如此，在日本战败投降后此舰是唯一一艘没有受损的日本航空母舰。

日本战败投降后该舰作为运输舰运输海外日本侨民，于1946年9月被解体。

当代核动力航空母舰之王

“尼米兹”号航空母舰是美国海军中最大的一艘核动力航空母舰，是一座浮动的机场和海上城市。它舰上的甲板面积相当于3个足球场，舰身高相当于30层楼，舰长332.9米，舰宽40.8米，飞行甲板最宽76.8米，吃水11.3米。它携带的核燃料可用13年。舰上设有广播站、电影厅和邮电所、百货商店、服装店、理发店、冷饮店等各种服务设施，仅照明灯就有 29184 盏。参观过这艘军舰的人，都用“海上巨兽”来形容它。

“尼米兹”号航空母舰于 1975 年服役。该级舰的舰体和甲板采用高强度钢，可抵御穿甲弹的攻击，弹药库和机舱装有 63.5 毫米厚的“凯夫拉”装甲，舰内设有 23 道水密横舱壁和 10 道防火隔壁，消防、损管和抗冲击等防护措施完备，能够承受 3 倍于“埃塞克斯”级航母受到的打击。舰上的主要武器装备包括：3 座“海麻雀”防空导弹系统，4 座“密集阵”近战武器系统，3 座 324 毫米三联装鱼雷发射系统。它能够进行远洋作战夺取制空和制海权，攻击敌海上或陆上目标，支援登陆作战及反潜等。该级舰现有 10 艘在役，构成了美国海军现役航空母舰的主力。

袭击日本东京的美国航空母舰

“大黄蜂”号航空母舰是美国海军“约克城”级航空母舰的三号舰。1941 年 12 月 7 日，珍珠港事件爆发时，“大黄蜂”号航空母舰正在诺福克港外进行训练。作为当时最新服役的航空母舰，“大黄蜂”号航空母舰被选中参加空袭东京的任务，经过短期的特殊改装后，于 1942 年 4 月 2 日载着 16 架 B-25 轰炸机出航，4 月 14 日在北太平洋与由威廉·哈尔西指挥的包括“企业”号航空母舰在内的 14 艘军舰汇合。4 月 18 日清晨，特混舰队在离日本东京还有 650 海里时，杜立特中校率领 16 架飞机 B-25 轰炸机从“大黄蜂”号起飞，成功地空袭了东京和附近的城市。这一行动对美国和日本都产生了巨大的震动。罗斯福总统开玩笑说：“飞机是从‘香格里拉’起飞的。”这个“香格里拉”说的就是“大黄蜂”号航空母舰。1942 年 10 月 26 日清晨，在瓜达卡纳尔岛附近的圣克鲁斯海域，“大黄蜂”号和刚刚维修完毕的“企业”号与日本舰队的航空母舰再次对阵，“大黄蜂”号航空母舰的轰炸机重

美国“大黄蜂”号航母模型

创了“翔鹤”号航空母舰。但随后“大黄蜂”号航空母舰受到多次日军飞机袭击，舰体倾斜超过了14°，梅森舰长下令弃舰。下午5时许，日本舰队逼近，护卫的驱逐舰向“大黄蜂”号发射了9条鱼雷和400多发炮弹而后撤离，“大黄蜂”号航空母舰于第二天沉没。

泰国“皇家公主”号航空母舰

泰国皇家海军于1992年3月，与西班牙国营巴赞造船公司签约，订购了一艘能载直升机和鹞式垂直/短距起降机的轻型航空母舰，由该公司的法罗船厂建造。经过不到4年的设计和施工，至1996年1月就已完成70%的建造工程量，于是择吉在1月20日下水。泰国王后诗丽吉亲赴西班牙，在西班牙王后索菲娅的陪同下主持了下水仪式，两国海军司令也一起参加了这一隆重典礼。

“皇家公主”号航空母舰

皇家海军的这艘轻型航母，泰国国王为其命名为“差克里·纳吕贝特”号，而“差克里”是曼谷王朝开国国王的名字。在命名的同时还公布了此舰的舷号为911。

下水之后，工程进展仍很顺利，至当年10月，作为平台部分的航母总体建造工程基本完成，已可进入海上试航阶段。为此，泰国海军派出了接舰部队，赴西班牙随舰出海，经过约半年的边试航边交接，至1997年3月20日，此舰移交给了泰国海军。

查克里·纳吕贝特（查克里王朝号）航空母舰是一艘排水量11486吨级的航空母舰，该舰是泰国海军的旗舰，也是被誉为泰国海军的镇海之宝。

该舰为西班牙设计和建造，1996年下水，1997年服役。原来的意图是作为垂直起飞战斗机和直升机的航空母舰，提供在泰国海域巡逻，投射武力，支持两栖作战，救援等行动。

这是世界上现役中最小的航空母舰。全长182.7米，在吃水线的宽度为22.5米。飞行甲板面积为

174.6 米 × 27.5 米。前甲板成 12°角翘起，作垂直起飞战斗机助飞用。原设计是可供 6 ~ 8 架垂直起飞战斗机和 4 ~ 6 架直升机使用。该舰目前建制为海军 455 人（军官 62 人，水兵 393 人）和空军机组人员 146 人。

该舰的动力是由柴油发动机和燃气轮机混合提供。柴油发动机能提供 5600 马力给巡逻用。燃气轮机能提供 22125 马力给短时升至最高速（25.5 节）用。

“鹦鹉螺”号核潜艇

“鹦鹉螺”号核潜艇问世的意义在于，它首开应用核动力之先河，潜艇由此进入了又一个新纪元。

1954 年 1 月 21 日，人类第一艘核动力潜艇“鹦鹉螺”号在上万名观众的欢呼声中下水。经过努力，“鹦鹉螺”号在这年底全部竣工。从理论上讲，它可以以最大航速在水下连续航行 50 天、航程 3 万海里而无须添加任何燃料。艇上还装备了自导鱼雷。

1955 年 1 月 17 日，“鹦鹉螺”号进行了首次试航，人类历史上第一艘核潜艇正式开始遨游大洋。它的首任艇长为威尔金森海军中校。5 月，“鹦鹉螺”号又进行了 90 多个小时的水下远航试验，航程为 1381 海里，是当时常规动力潜艇水下最大航程的 9 倍。它还以 20 节的平均时速，完成了从佛罗里达基韦斯特到新伦敦之间 1397 海里的航行。

从 1954 年 1 月 21 日下水到 1957 年 4 月第一次更换燃料棒时为止，“鹦鹉螺”号总航程达 62526 海里，仅消耗了几公斤铀。而常规潜艇要是以同样速度航行同样的距离，将会消耗大约 8000 吨燃油。“鹦鹉螺”号还以首次水下航行抵达北极点而闻名于世。“鹦鹉螺”号所展现的核潜艇的巨大魅力还不仅于此。据美国披露，自其服役后，美国用它多次进行了潜—舰对抗以及反潜演习。1955 年 7 ~ 8 月份，在“鹦鹉螺”号首次进行的作战演习中，它轻而易举地战胜了包括一艘反潜航母在内的反潜编队，在这次对抗演习中，“鹦鹉螺”号共“击沉”了 7 艘“敌舰”。随后在北约所组织的名为“反击”的演习中，受到“鹦鹉螺”号攻击的水面舰艇数量达到 16 艘，其中包括航母 2 艘、重巡洋舰 1 艘以及驱逐舰 9 艘，其余的 4 艘为油轮与货轮。

据美国统计，“鹦鹉螺”号在历次演习中共遭受了 5000 余次攻击。据保守估计，若是常规动力潜艇，它将被击沉 300 次，而“鹦鹉螺”号仅为3次，“鹦鹉螺”号展示了核潜艇确实具有无坚不摧的作战威力。

“鹦鹉螺”号的问世具有不可估量的巨大价值，它的政治与军事意义是深远的。但由于该艇主要供试验之用，因此没有建造后继艇。该艇于1980年退役，在其诞生地格罗顿作为纪念艇被永久保存。

你知道吗

有多少核潜艇潜伏在世界的海底

在地球幽深广阔的海底，共潜航着近200艘核潜艇。其中，美国74艘，俄罗斯64艘，英国17艘，法国10艘。目前，中国已经拥有了自己设计、建造的核潜艇。

“红宝石”级核潜艇

法国海军最初于1954年尝试建造核动力攻击潜艇，第一艘于1956年开工，但由于美、法两国发生了政治冲突，美国拒绝为法国供应核子反应所需的浓缩铀。因此，法国被迫自行研发使用天然铀的重水核反应炉，然而这种核子反应炉对计划中的潜艇而言太重而又过于庞大，因此，整个计划不得不中止。此后，法国致力于开发极为紧致的小型核子反应炉，从而使主机发电系统等的体积大为缩小，“红宝石”级核潜艇因此成为世界上最小的核动力潜艇。

“红宝石”级核潜艇的第一艘“红宝石”号于1983年2月服役，全长72.1米，宽7.6米，吃水6.4米，排水量2670吨。后续三艘“宝石”号核潜艇、“卡萨布兰加”号核潜艇及“翡翠”号核潜艇于1988年就役。该级另外4艘“紫水晶”号核潜艇、“珍珠”号核潜艇、“绿松石”号核潜艇、“钻石”号核潜艇的基本设计略有修改，包括外观上的舰艇延长、新设计舰首外形、更具流线型的舰桥等，以获得更佳的水中静音性，内部设备则包含攻击及电力系统的改良等。

号称“水下屠夫”的明星潜艇

“U–47”号潜艇是第二次世界大战期间著名的德国远洋潜艇，为德国3艘王牌潜艇之一，在服役期间共击沉盟军舰船28艘，因此，被称为“水下屠夫”。“U–47”号潜艇由基尔造船厂建造，于1938年10月下水，12月服役。水面排水量

735 吨，水下排水量 857 吨；艇长 66.5 米，艇宽 6.2 米，吃水 4.7 米；水面航速 17.2 节，水下航速 8 节，最大下潜深度约 200 米；续航力为水面 8700 海里（10 节时），水下 90 海里（4 节时）；动力装置，柴油机、电动机各 2 台；装备 533 毫米鱼雷发射管 6 座，88.9 毫米炮 1 门，20 毫米机关炮 1 门，可携带 14 枚鱼雷或 26 ~ 39 枚水雷。

1939 年 10 月 14 日凌晨，在艇长海军上尉普里恩率领下，“U-47”号潜艇单艇冒险闯入英国斯卡帕湾海军基地，用鱼雷击沉了英国“皇家橡树”号战列舰，迫使英国暂时放弃斯卡帕湾海军基地，从此闻名。至 1941 年 3 月初，“U-47”号潜艇共击沉同盟国舰船 24.5 万吨。1941 年 3 月 8 日，“U-47”号潜艇在攻击同盟国护航运输队时，被英国“狼灌”号护航驱逐舰击沉。

德国“U-47”号潜艇

“海狼”级核潜艇

美国海军为在 21 世纪保持其核动力攻击型潜艇的优势，从 20 世纪 80 年代中期就开始研制替代“洛杉矶”级的“海狼”级新式攻击型核潜艇，用于对付苏联的大洋深水潜艇的威胁。“海狼”级核潜艇首艇于 1989 年开始建造，1998 年开始装备美海军。该级艇原计划建造 30 艘，总开支达 360 亿美元。然而由于冷战的结束，导致美国海军战略的转变，促使美国政府改变了原计划，确定只建 3 艘深海型“海狼”级核潜艇，转而研制适于在沿岸浅海水域作战的、可用于执行多种作战任务、对付地区性冲突的新型核动力攻击潜艇。“海狼”级潜艇是目前世界上最先进、最有战斗力的多用途攻击型核潜艇。首艇“海狼”号核潜艇于 1997 年 7 月服役，潜艇长 99.4 米，宽 12.9 米，吃水 10.9 米，水下排水量 9150 吨，是美国历史上吨位最大的核动力攻击型潜艇。外形为长宽比 7.7 ∶ 1 的水滴形，接近最佳长宽比。“海狼”号核潜艇采用一座大功率高性能压水反应堆，

“海狼”级核潜艇

轴输出功率达6万马力，水下最大航速35节以上。第二艘“康涅狄格”号核潜艇和第三艘“吉米·卡特”号核潜艇分别于1998年和2004年服役，这两艘潜艇采用更加先进的技术改进，以更好地完成特种作战、战术侦察和水雷战等使命。

你知道吗

你知道“海狼”刚服役就落伍的原因吗

美国在20世纪80年代开始设计建造“海狼”级核潜艇，它针对的目标是苏联的“北德文斯克”核潜艇。但“海狼”服役是1997年，苏联早已解体，而俄罗斯对其根本不构成威胁，所以斥巨资建造的“海狼”根本无用武之地，因此说它刚服役就落伍。

第三章
海军名校与海军名人

世界上许多国家的海军，在从一般数量型向高技术质量型转变过程中，都把人才培养和部队训练摆在十分重要的地位，海军学校就担负起培养海军人才的重任。这一章让我们一起了解世界各国的海军与海军名人。

举世瞩目——美国海军军官学校

在华盛顿特区以南33英里，位于塞文河流入切萨皮克湾处，有一片具有文艺复兴时期风格，美国联邦政府确定的历史文物，东海岸最著名的建筑群，这就是世界闻名的美国海军军官学校的所在地。学校坐落于马里兰州首府安纳波利斯，因此又名“安纳波利斯海军军官学校”，是美国海军唯一一所正规军官学校。

美国海军军官学校毕业典礼

美国于1794年重建海军，1845年10月10日创办安纳波利斯海军军官学校。在这半个多世纪中，美国海军的军官教育几乎毫无计划、杂乱无章。1812年，美国第二次独立战争时，美国的海军还很弱小，海上战场基本上依赖盟军——法国海军。战争实践使许多人认识到：没有海军，就不能取得战争的胜利；没有海军，在这个弱肉强食的世界上就无法生存。

要拥有强大的军队，当然离不开优秀的院校。按道理，通过这次战争，建立一流海军院校已是顺理成章的事。但是，好事偏偏多磨，战争的结束也使建立海军院校的急迫感悄然淡化。海军的建校工作虽然没有停止，但的确是太不尽如人意了。19世纪二三十年代，美国政府建立了3所美国人自己都称之为“瞎凑合”的海军学校，它们是1823年在以纽约为母港的“盖里耶”号军舰上设立的海军学校，在以诺福克为母港的“爪哇”号军舰上设立的海军学校，以及1833年在波士顿海军造船厂内设立的海军学校。这些学校的规模之小、教学设施之简陋、师资力量之缺乏是可以想象的。当时，那些不上舰的学员无事可做，也无钱回家，只好在船坞内无聊地等待。那些有上进心的学员则到周围的大学甚至“西点军校”去听课，而这些大学是不传授海军专业知识的，海军学校的教学质量由此可见一斑。

你知道吗

你知道美国海军有哪几位五星上将吗

因五星上将只在战时授予，所以美国海军中只有4位五星上将。他们分别是：

威廉·莱希，曾任美海军参谋长，美国参谋长联席会议主席。1944年晋升为五星上将。

欧内斯特·金，曾任美海军舰队司令、美海军作战部长。

切斯特·尼米兹，曾任美太平洋舰队司令，美海军参谋长。他们于1944年12月同时晋升为五星上将。

小威廉·哈尔西，曾任美海军第3舰队司令、南太平洋战区最高司令。1945年12月晋升，他是美国海军最后一名授衔的五星上将。

海军院校的糟糕状况理所当然地引起了海军内部人士的强烈不满。1836年，一份由55名海校军官和“范达利亚”号军舰上16名军官签名的抗议备忘录逐级呈给了美国国会，并由国会转交给了当时的海军部长。这份备忘录强烈要求建立一所真正的海军学校，并认为在新的海军学校中教学条件应该首先满足。尽管海军部不断敦促国会批准建立海军学校，海军委员会也为实现这一目标一而再、再而三地提出建议，但由于经费问题，建校一事一直没有着落。

1842年发生了一件令人震惊的事件，那就是“萨默斯”号军舰上的兵变，兵变者绞死了在舰上的作战部长的儿子。这一事件暴露了人们对有劣迹的领导人控制海军领导权以及由此而产生的海军领导体制弊端的强烈不满，并引起全国对海军建设的关注。建立一所传授航海、数学、语言学、国际法、轮机知识的海军学校越来越迫切了，这从客观上促进了后来安纳波利斯海军军官学校的建立。

在此期间，一些人士著书立说，宣传海军知识，为海军学校的建立奔走呼号。其中最著名的是曾为海校学员的海军上尉莫里，他出版了一本名为《航海》的著作并撰写了许多文章，他的那本著作后来被定为海军学校的教科书。

1845年3月4日，乔治班克罗夫特担任海军部长，这位哈佛大学的毕业生是一位办教育的能手。他决定绕过国会实现建立新型海军学校的目标，他指示阿西伦海军学校的考试委员会写出关于建立海军军官学校的迫切性的报告。该报告敦促尽早建立海军军官学校，要求新的海军学校应集中力量培养年轻军官。由于没有国会的拨款，海军学校的选址受到限制，只有陆军废弃的塞文堡和安纳波利斯港之间的9英亩土地可用。曼克罗夫特成功地促使海军委员会认可这一地点。1845年8月15日，作战部将塞文堡转让给海军部。这样，阿西伦海军学校从宾夕法尼亚州的费城迁到了马里兰州的安纳波利斯，海军中校弗兰克林·布坎兰被任命为新的海军学校的第一任校长。这一年的10月10日，56名年轻人，有的是饱经风霜的海员，有的是刚上船的水手，集合在塞文河畔，校长布坎兰中校宣布：海军军官学校正式成立。他向列队的海校学员发表演讲，阐述服从、德行、节制是海军军官学校的根本纪律要求。

学校成立之初，百废待兴。学校的领导者们首先制定了有关规定，规定学制为5年，第1年和最后1年在学校学习，中间3年在舰上学习。低年级班开设的课程有：算术、代数和几何基础、航海知识，以及帆船驾驶，还有地理、英语语法与作文、法语或西班牙语；高年级班开设的课程有：代数、几何、平面三角与立体几何、海上天文学、航海、一般天文学、光学、磁力学、电学、枪械、汽轮机的使用、历史、作文、法语和西班牙语，另外还有哲学、化学等选修课。所有这些课程的授课任务，仅由4名军官教员和3名文职教授承担。

就在新的海军学校正式成立不久，即1846年5月13日，美国与墨西哥之间爆发了战争。战争的爆发使建校初期的混乱状况更加突出，人们要求派出学员参加战争。这样，90名学员不得不提前离校走上军舰。这当然打乱了学校的教学计划，但学校满足战争需要的这一调整证明了自身的价值，海军不得不重新评价它的存在，反对办校的声音也悄然平息。

不久，海军学校的各种典章也被制定出来并得到批准，学校的机构进一步健全，学员的制服也设计出来了。后来学校获得了一艘名叫“普雷布尔”的军舰作为每年夏天海上航行的练习舰，不间断的4年学制便成为了可能。随着各种典章的执行，海军学校向正规化方向迈出了重要的一步。1850年7月1日，这所学校正式定名为美国海军军官学校。

墨西哥战争结束至美国内战爆发的13年间，海军学校的建设可谓欣欣向荣，它每年向海军舰队输送15～20名海军军官。

内战破坏了海军学校的持续发展。由于安纳波利斯过于靠近南方，马里兰州又有很危险的分裂联邦主义者的活动，如果马里兰州脱离联邦政府，海军军官学校的处境就非常危险。还由于通向华盛顿的铁路线随时可能被切断，这样，安纳波利斯港在运送南下部队与物资方面具有十分重要的意义。战争急需这块地方作为转运中心。于是，1861年5月13日，海军军官学校奉命迁往罗得岛州的纽波特。直到1865年6月22日，经国会批准，海军军官学校才又回到阔别了4年的安纳波利斯。整个内战期间，学校向联邦海军输送了近200名军官。

1867年3月，海军军官学校由海军部直接领导。战后的主要任务之一是改建和扩建校园。海军军官学校用国会拨款进行房屋修缮、购置地皮，并建起一座军械库、一所医院、一栋机电工程楼、一个海军陆战队兵营和学员与军官宿舍楼，甚至还建了一座小教堂。不用说，随着学院规模的扩大，学员的人数也在逐年增多。

美国海军军士

美国照例在每场战争之后是裁减军队，这样，海军军官学校在内战后面临的主要问题是毕业学员多与海军军官职位少的矛盾。另一方面，由于蒸汽机军舰替代桅帆军舰，海军需要越来越多的具有轮机方面知识的海军军官，而海军军官学校培养的这方面人才远远不能满足需要。为此，国会将海军军官学校的学制增加了两年，并推迟任命毕业学员为军官。1882年，国会还限制学校的毕业人数。这种过于简单的办法虽然在短期内奏效，却带来了潜在的问题：一旦海军进行势在必行的扩编，海军军官将严重缺乏。后一个问题通过设立轮机工程系和对课程进行必要的调整得到了较好的解决。

1914年爆发的第一次世界大战给海军军官学校的发展带来了一次契机。大战使学校的学制缩短为3年，反映了战争对军校、对军官的需求。学校的发展从学员营（后来的学员团、学员旅）人数上的变化可见一斑。1902年，参议员正式有权推荐1名学员，次年增加为2名；1916年，这种权力扩展到众议员和州代表，而且推荐人数增加到3名，1917年又增加到4名，不久再增加到5名。结果，第一次世界大战时，海军学校每年的毕业学员达到约200人。1916年10月，海军军官学校在校学员数为1231人，除此之外，海军学校还为美国后备部队培训了大量军官。

海军军官学校在第二次世界大战中发挥了支柱作用。1940年秋，随着战争的进行，美国援助欧洲各国的步伐进一步加快。罗斯福总统向大英帝国许诺“援助战争直到结束”，美国变成了英国的军火库，向英国提供了价值500亿美元的军火和其他物资，并签署命令将50艘驱逐舰改编到英国海军基地，公开反对德国。世界局势又一次给学院带来了巨大的变化。由于国家参战，海军需要大量的军官，1941届学员提前毕业，1940年入学的学员学制改为3年。从1941年2月到1945年6月，学院共计为海军舰队输送了7600多名军官，包括4304名正规学员和3319名预备役人员。

150多年来，海军军官学校从一个河畔哨卡发展成世界著名的海校，培养出了大量的、杰出的政治家、军事家、科学家和各行各业的人才。他们无论是在硝烟弥漫的战场上，还是在冷战剑拔弩张的气氛中，或是在波涛汹涌的商海里，他们都能一往无前，出色地完成任务，不辱使命。海军军官学校已扬帆远行了一段艰辛的航程，但前面的道路漫漫依然。

海军军官学校的校园很有特点，校园内点缀着各种风格的建筑物，有20世纪初的传统建筑，也有现代派楼宇。同样，这所学校将悠久的历史和发达的现代技术融为一体，是海军和海军陆战队的一个典型缩影。校园内四处可见林荫掩映下的纪念碑和雕像，象征着勇敢精神和英雄主义传统，是学校最重要的遗产之一。建筑物和道路都以杰出毕业生的名字命名，他们中的每一位都为海军历史和国家做出过不朽贡献。

校内矗立着号称世界最大的班克罗夫特宿舍大楼,是学员生活楼，每个房间住2～3名学员。在校近5000名学员全部集中居住在此。楼内生活娱乐设施一应俱全，有天主教、耶稣教和其他宗教的小教堂，有小百货店、裁缝店、书店、理发店、修鞋店、邮局、保龄球场、快餐店、娱乐室等。有一个能容纳全体学员就餐的大餐厅，还有牧师队中心和礼堂。校内还耸立着在学校各建筑物最上方的铜绿色圆顶的海军大教堂，以及其他各具特色的建筑群。这些地方既为学员提供了理想舒适的学习生活场所，又仿佛是一座文化城,在浓郁的文化和宗教氛围中，陶冶学员情操，提高学员素质。

学校也是美国独立战争期间的海军英雄约翰·保罗·琼斯的安息地。他的名言“我尚未开始战斗”激励着一代又一代的美国海军军官。他的墓穴处于海军大教堂地面之下。为表示对这位“美国海军之父”的尊敬，使他的灵魂得到安息，学员禁止在此吹口哨，这已成为海军军官学校的一个传统。1963年，联邦政府指定该海军军官学校的校舍为国家历史文物。每年来此观光的游客达100万以上。游人们在这里欣赏校园的自然风光，追忆美国的海军历史，赞叹学员阅兵方队所体现的优良传统。

“美国海军之父”——
约翰·保罗·琼斯

英国海军军官的摇篮——布里塔尼亚皇家海军学院

在位于英国普利茅斯和度假胜地托魁之间、风景如画的达特河入海口处，有一个名叫达特茅斯的美丽小镇，这里就是被誉为英国海军军官摇篮的布里塔尼亚皇家海军学院的所在地，是目前英国培养海军初级军官的主要院校。

布里塔尼亚皇家海军学院创建于1863年，建院初期，军官们是在有三层甲板的“大不列颠号”船和“皇家印度斯坦号”船上接受训练的。到了1869年，学生人数增加，船上训练已经满足不了需要，开始在陆地上建立永久性教学设施，1905年，英国皇家海军军官学院正式成立。走进学院，从雄伟的爱德华大楼建筑风格，您会看到白金汉宫的风采和魅力，大楼的设计者阿斯顿·维布爵士就是白金汉宫正面建筑的设计者。

经过一个多世纪的建设，学院面貌发生了天翻地覆的变化，目前学院已拥有各种理工科实验室，其中包括拖船、风洞、演示雷达以及全套的卫星气象服务设施。计算机

英国皇家海军学院旧址

网络终端可随时为学生提供免费服务。在语言中心有一个现代化的语言实验室和卫星电视。图书馆完全可以满足学院各科课程的要求。学生还可以利用普利茅斯大学的图书馆。

学院的各种娱乐活动设施一应俱全，文化体育活动丰富多彩。学员主楼内有餐厅、学生酒吧、电视室等，地方学生可以参加学院的部分社会活动，从“后甲板”的鸡尾酒会到远近闻名的学院舞会，他们都可以参加。学院每年还举行盛大的皇室成员的参观活动，学院音乐和艺术协会常安排音乐会和展览，并热情支持在学院剧院举办的各种戏剧活动。

从甲板上起步的布里塔尼亚海军学院发展到今天，已经与美国的安纳波利斯海军军官学校、日本的江田岛海军学校并称为当今世界三大海军学校。

华灯初上，当您走进布里塔尼亚皇家海军学院，经常可以看到一些地方学生在这里听课时的情景；而来到附近的普利茅斯大学，您同样可以看到皇家海军学院的学员在这里求学的身影。布里塔尼亚皇家海军学院充分利用与普利茅斯大学毗邻的优势，建立现代教育体制，成为资源共享、联合办学的一个成功的典型例子。

布里塔尼亚皇家海军学院的学员，年龄从17岁到34岁不等。其中80%的学员入学前已经大学毕业，或者在受训的过程中获得大学学历。首先在本院用一年的时间学习一个专业的学位课程，然后到普利茅斯大学再学习两年，其中包括在达特茅斯皇家海军军官学院进行的领导才能培训的附加课程。

同时，皇家海军军官学院也对地方学生开放，他们将被录取为普利茅斯大学的学生按该大学的教学计划进行培训，对于多数课程来说，地方的学生将和青年海军军官学员一起学习。

这种开放式的办学模式有利于提高办学质量，皇家海军军官学院的学员既可以掌握一些地方上先进的科技知识，地方学生也可以在潜移默化中增强国防意识，收到了较好的教育效果。

这种开放式联合办学的模式还体现在，在教学部主任的领导下，布里塔尼亚皇家海军学院所有学术课程都由非军人教师承担。每个班级的学生最多只有20名，每个接受指导的小组最多6名学生。学员在校学习的时间，受到指导教师的密切关注，并且至少每2周和指导教师单独会面一次，指导教师时刻对学员的学习等方面提出建议。

布里塔尼亚皇家海军学院教育的主要目的是：对新入伍的人员进行基本训练，学习广泛的海军基础知识，培养提高海军军官的素养，为下一步专业学习打下基础。采取“共同科目合训、任职训练分流”的形式开展教学活动。

布里塔尼亚皇家海军学院的课程设置和安排分为海军职业训练和分科学习两个阶段进行。

海军职业训练包括共同科目训练、专业训练和领导能力培养。共同科目训练主要包括入伍教育和海军基本知识学习。专业训练课程有：船艺、航海、武器及其操纵、通信设备、工程和三防、海洋学、体育等，通过专业训练，使学员掌握有关专业的基础理论知识。领导能力培养课程有：领导艺术、队列训练、经营管理、值更值勤等，培养学员的领导能力和指挥能力。学院内还开设大学学科课程，分为必修课和选修课两种。必修课包括：数学、自然科学、工程学、历史和英语等，选修课有外国语、战略研究和经济学等，可任选。

学员教育分为两个阶段，第一阶段为入伍后的共同科目训练，在入学的第一学年进行。一学年分为3个学期，每学期12 ~ 13周。第一学期的前4周为入伍训练。其余9周进行海军知识和领导能力训练，使学员由一个普通百姓转变为军人，使其懂得军人的基本职责、纪律、队列和海军一般常识。第二学期在训练舰“无畏”号上继续进行海军基本知识和领导能力的训练，由受过专门训练的人员加以指导。第三学期参加海上训练，出海前每人发给一本必须完成的具体任务的小册子，按照任务的内容和要求进行训练。

入伍训练除队列、纪律、体育训练外，还要上艇进行适应训练，引导学员逐渐适应艇上生活和执行基本勤务。海军基本知识训练包括：船艺、航海、舰艇组织和舰上的现行装备等。学院内有一条河，河上停泊100多条小艇，50%的船艺课是在河上进行的。学员们可在艇上学习值更官和值日官的职责。学院还备有两艘巡逻舰，供学员进行航海方面的训练。学院很重视对领导能力的培养，首先在课堂上讲授、学习研讨领导职能和怎样才能成为一个有能力的领导者；然后通过小组讨论和分组轮流任职进行实际锻炼，并在分组演练中轮流担任领导。学员从入学到毕业都始终贯穿领导能力的训练。

学院把训练学员的体能作为培

养合格海军军官的重要组成部分。学员可以参加各种体育活动，包括橄榄球、足球、板球、曲棍球、网球、壁球、羽毛球、排球、无板篮球、田径、高尔夫球、射击、自行车运动、越野赛跑、滑翔运动、飞行运动、垂钓、水下运动、独木舟、划艇、冲浪以及所有的水上运动，学院经常开展各种项目的比赛，以激发学员参加体育运动的积极性。

共同科目训练完成后便进入第二阶段任职分科学习。从事轮机、武备专业的学员转到海军工程学院；从事航空飞行的转到飞行学校；将来任军需及文秘职务的学员转到军需学校；选学舱面专业的学员继续在布里塔尼亚海军学院，根据专业需要和学习成绩，有一部分被送到地方大学插班学习，学习时间 2 ~ 3 年，考试合格可取得学士学位。1986 年以来，海军派出的大学肄业生人数在逐步增加。现在稳定在 230 名，分布在 40 所大学就读。学院设有大学肄业生指导小组，由一名中校领导，两名军官和一名文书组成。指导小组经常到各大学巡视，检查了解各肄业生的学习情况，并加以监督指导。这些大学肄业生修完大学课程后，还要回到海军院校接受海军专业和领导能力的训练，

英国皇家仪仗队

毕业后授予见习少尉，去舰队见习半年后成为合格少尉。还有一部分学员，在共同科目完成后，并不入地方大学，而是留在学院进行大学学科教育、海军专业和领导能力训练，毕业后授予见习少尉，在舰队见习半年后成为合格少尉。

布里塔尼亚皇家海军学院采取形式多样的灵活办学方式，学院根据入学对象、培养目标的不同，学制亦不同，除舱面军官学制为4年外，其他均为短期学制，从几周到1年不等。

短期服役军官班：每年招收学员70～80名，进行两个学期的共同科目训练和一个学期的大学学科教育。

短期服役空勤人员班：包括驾驶员和观察员。每年招生5次，约185名，进行两个学期的海军领导能力、海军专业和大学学科教育的综合训练。

海军常识班：2～4周，为医师、牙医、护士、牧师、海军预备役军官、临时文职人等而设。

皇家海军女军官班：进行一个学期的海军基本知识训练。

另外，还有外国海军军官班和预备生班。

学院在校学员数一般保持在650～850名。各个季度有所不同。

你知道吗

你了解英国选拔潜艇军官的标准是什么吗

英国潜艇指挥官的选才从水面舰艇开始。预选人员首先在水面舰艇工作8～9个月，然后参加各专业业务长的答辩考试。通过者，进训练班学习4个月，考试合格者进入潜艇学校“海豚”班学习，结业后到潜艇任职。一年半后从中选优派到潜艇中级训练班进修，5个月后，回艇上工作，进行两次筛选择优，送入高级班进修，时间也是5个月。结业后再任职2年，才有可能最终进入“潜艇指挥班”学习。待学习期满，考核通过后，就是核潜艇的后备艇长了。

俄罗斯舰队的“集体干部部”——太平洋海军学院

在被誉为“俄罗斯东方明珠”的符拉迪沃斯托克（海参崴市），您只需从海参崴军港乘车向东北方走10分钟的路程，到达一个山城上，迎面而来的是一座典型欧式建筑的大楼，虽然楼高仅有5层，但长度却有近300米。进入大楼内，一股浓浓的海军味便扑鼻而来，给人耳目一新的感觉。这就是被誉为“俄罗斯太平洋舰队集体干部部”的太平洋海军学院的教学大楼。

太平洋海军学院十分重视用文化历史和英雄形象来强化学员的责任感、荣誉感和传统意识教育。学院十分注重通过战争的历史把学员从过去、现在拉向未来，赋予学员报效祖国献身海军事业的意识。每年俄罗斯“库尔斯克”号潜艇沉没纪念日，太平洋海军学院教官都要讲起“库尔斯克”号潜艇沉没情况，他们神情庄重，语调缓慢。一会儿，讲台上的教官和全体学员已泪流满面，场面令人为之动情，呈现出豪迈悲壮的情境。

太平洋海军学院还特别注意营造献身祖国的浓厚氛围。在教学大楼前面有一座列宁雕像，为了纪念伟大的导师列宁而修建，旨在让学员们每天都见到革命导师，激励学员奋发图强、献身海军事业的决心。走进教学大楼内，无论是在大厅、走廊还是教室，文化历史氛围都十分浓郁，到处张贴着从列宁到现任院长以及不同时期战功卓越的学员画像和每次重大战役的经过、各种不同海军兵器、各代战将的油画、各种徽章标志以及各种新旧式舰艇模型和舰载武器实体；俄罗斯

符拉迪沃斯托克原属风光

最先进的兵器这里随处可见，给人一种强烈的献身海军事业的神圣使命感和责任感，仿佛走进一座俄罗斯现代海军博物馆、海战陈列馆。置身于这样的环境中，使人感悟到历史、现在和未来，海军兴衰与祖国共荣辱。

每当与太平洋海军学院的学员交谈，从他们的表情、神态、举止、言语中无一不感觉到他们对昔日辉煌的追忆，无时不流露出一种献身海军事业的强烈责任感，强烈的责任意识和爱国之情表现得更是淋漓尽致。

注重献身意识教育造就了该院辉煌的历史，培养出了许多优秀的指挥官，如：戈洛莫夫将军、库罗耶多夫将军、太平洋舰队司令扎哈连科将军，以及舰队、区舰队、分队、总队、巡洋舰和潜艇等指挥员。所培养的第一批学员参加了苏联伟大的卫国战争。第二次世界大战期间有 4 人获得苏联英雄奖章，

太平洋海军学院毕业典礼

战后又有 11 人获得了国家最高奖励。

太平洋海军学院建立于 1937 年 11 月 24 日，1954 年以俄杰出的海军上将马卡洛夫的名字命名，1999 年恢复原名，是俄罗斯海军的一所初级指挥院校，主要从地方高中和部队战士中招收学员，学制 5 年，实行学分制，负责为俄罗斯太平洋舰队培养舰艇航海长、枪炮长、导弹专业等初级指挥人才，学员毕业后授予海军中尉军衔。

太平洋海军学院十分注重学员们的使命意识教育，通过研究主要作战对手来增强学员们学习的针对性，起到了在潜移默化中增强使命意识的作用。

太平洋海军学院把超级大国的海军作为主要作战对手，在该院教学楼一楼走廊墙壁上张贴的大部分是外军舰艇、飞机和主要武备的战术性能情况介绍资料，就连我军的部分核潜艇也包括在内，俄军校学员从这些张贴的图片资料中，就可以随便找到美军飞机、舰艇和武器装备的有关情况。他们认为，对手的装备技术性能对学员并非保密内容，研究外军情况目的，就是让学员充分了解对手、盯住强敌而学而练。学术报告厅不定期举办各种学术讲座，学员们在这里不断接触最

俄罗斯太平洋舰队舰群

先进的学术理论和现代海战观念，为开拓学员思路和视野起到了积极的作用。学院内学员精神饱满，落落大方，言谈举止活泼开朗，对保卫国家安全捍卫国家海洋权益，战胜强敌充满信心。

太平洋海军学院十分重视实践意识教育，注重用实物对照、课堂模拟操作来增强学员理论与实践相结合的有效性。

该院建有设施先进的实验室，学员可以在这里进行各种科学试验。

在培养学员的动手能力的教学过程中，基本上是部队平时训练和战时作战需要什么知识和技能，学院就教授什么，内容非常具有时效性。其实验室和教室、学员的操作平台全部都是模仿舰艇实际装备而设置安排的，学员在教室内就可以进行与舰上的实际相同的操作训练，学员毕业后即可立即展开工作，很适应于学员第一任职需要。教室内陈列的实物很多，从一部简单的电动机到白杨系列的洲际导弹，既有整个实体，也有挂图和内部零件的解体。导弹模型弹体均采用有机玻璃制作，学员坐在教室里就可以对照模型知道零件的形状和具体部位，各种内部线路图在教室四壁都有挂图。这种既有理论又有实物的直观教学，有利于学员尽快地掌握设备的原理和构造。

俄海军有一个很大的特点，就是将最先进的装备首先用于院校教学，部队有什么装备，院校就有什么装备，院校内有部队所有的列编装备。如AK-630速射炮、SA-N-3对空导弹、白杨系列洲际导弹等，在太平洋海军学院都有实物，而且可以进行实际操作。这样可以有效地解决院校教学和部队实际脱节、学员动手能力不强等一系列矛盾。

日本海军最高学府——海上自卫队干部学校

日本海上自卫队干部学校成立于1954年9月1日，最初设在横须贺市。1955年3月28日，开始进行正规的课程教育。1956年6月6日，迁至东京小平。1959年2月迁至东京都新宿区市郊。1994年10月1日，迁至目黑至今，是日本海上自卫队的最高军事学府，被称为“日本海军发展的中坚”。

海上自卫队干部学校作为海上自卫队的最高军事学府，相当于战前日本海军的海军大学，学校设校长、副校长各1人，校长开始由少将衔军官担任，1956年改由中将衔军官担任。学校下设分别负责教育训练和调查研究的企划室、教育部、研究部。此外，还有负责管理和后勤保障的总务课和资料课。副校长、企划室长军衔为海军少将，教育部

海上自卫队干部学校

和研究部部长军衔为海军上校。全校共有教职工86人，其中军官43人，兵士19人，文职人员24人。

海上自卫队干部学校是日军海上自卫队军官晋升为高级军官的必由之路，因此，一向为近5万名海上自卫队成员所仰慕，每年报考人数较多，竞争激烈，录取率仅为5%。近乎苛求的考试方式加剧了考生的紧张心理。军官高级班的本科生经两次考试后由海上幕僚长选定；军官特别班学员不用通过什么考试，因为他们是直接由海上幕僚长选拔的，且这些学员毕业后一般都走上重要领导岗位；指挥参谋班学员则需经过三关——日军海上自卫队各部队、机关选拔，经统一考试后，方由海上幕僚监部下令调学。任何一关的考试或选拔都是非常严格的，稍有差距，就会被淘汰，试图进入海上自卫队高级军官行列的梦想就会破灭。

海上自卫队干部学校的任务是：使学员掌握进行作为海上自卫队的高级指挥官或高级参谋职务所必需的知识和技能、关于大部队运用的调查研究。

海上自卫队干部学校设置3种主要课程：CA（Command and Staff Course）即指挥参谋课程、AC（Advanced Course）即军官高级课程和SC（Special Course）即军官特别课程，学制均为1年，培养上尉至上校级军官。具体是：

指挥参谋课程：培养上尉和少校军官（34～37岁），每期约招收30名，学制1年；主要学习高级指挥官和参谋的必要知识和技能，并将重点放在有关战略、战术和后勤方面特定专题的研究上。目的是使学员掌握作为高级指挥官及高级参谋所必需的基础知识和技能。主要课目是：安全保障、国际法、战略、情报、战术、后方、战史、指挥、统筹、管理、综合运用、综合研究、特别报告、演习、研修。毕业后任大舰部门长以上职务或到中级司令部任参谋。

军官高级课程：主要培训中校军官（41～45岁），每期约招收20名，学制1年；主要学习战略战术概率，对海上自卫队基本战略构想、兵力运用及装备体系进行调查研究。目的是使学员掌握作为高级指挥官及高级参谋所必需的知识和技能。主要课目是：安全保障、国际法、战略、战术、后方、战史、指挥、统筹、管理、综合运用、特别研究、特别报告、研修。毕业后任大舰舰长以上职务或到高级司令部任参谋。

军官特别课程：培训上校军官或少数中校军官（45～47岁），每期招收25名，学制4周，分为夏秋两期。目的是使学员在具备高级指挥官及参谋所必需的知识中，更深入地掌握日本国的防务政策、国际形势、国际法、统筹、管理等特定的事项。主要课目是：安全保障、国际法、战略、情报、指挥、统筹、管理、特别报告。

日本海上自卫队士兵

此外，还对未学过联合参谋学校课程和海上自卫队干部学校各课程的有发展前途的上尉军官进行战史、后勤和国际法函授教育，学制8～9个月，每一科目约招收50名学员。战史专业的主要课程有：外军战史，太平洋战史，日本海军史和战史研究方法；后勤专业的主要课程有：作战条令，后勤概论，机动支援，行政管理，人事，建造维修，采购补给，预算会计等；国际法专业的主要课程是：国际法概论，安全保障，中立法则，战争法则，海洋法和海上捕捞等。

为推动海上自卫队干部学校的学术研究活动，学校积极开展了和世界各国的海军院校的交流。自1998年以来，每年召开“亚洲太平洋各国海军大学研讨会”。会议的内容包括：介绍各国大学情况，关于增进海军间的信赖关系，对亚太地区形势的认识及多国协调的方法，平时海军力量的作用，海军大学的教育方法和体系等。2001年的研讨会中国首次被邀请参加。另外，自2000年起，学校还通过邀请亚太各国海军大学学员参加本校的CS学员举行的研究会、部队研修及古迹研修等，在开阔参加人员国际视野的同时，增进与各国的相互理解。

海上自卫队干部学校教育训练的目的是使学员掌握履行海上自卫队高、中级指挥官及高级参谋人员职责所必需的知识和技能。

另外，海上自卫队军官还可进入日本三军联合院校深造，主要有防卫研修所和联合参谋学校。防卫研修所是日本军队最高军事教育和军事科研机构。该所成立于1952年8月。学员主要是上校、将军和政府部（课）长，学习国防政策、战略、战史等课程，学制10个月，主要培养战略指挥员。研修所直属日本防卫厅。

联合参谋学校，招收少校和中校，学习三军作战特点、组织指挥原则及统帅机构的组成、任务和指挥原则等课程，学制8个月，主要培养合成军队的高级指挥员和参谋人员。

日本海军十分重视培养军官的预备教育。日军专门设立防卫大学，为陆海空三军军官候补生学校输送学员。防卫大学4年，招收的是最优秀的高中毕业生。每年有近万名考生报名，录取率为20∶1，有的专业竞争率竟达48∶1。日本每年有40%的高中生进入大学，而防卫大学竞争如此激烈，自然有利于选拔优秀人才，也为三军输送军官候补生打下了良好的基础。为了更好地学习和掌握现代化的武器装备，日军院校很重视学员基础文化水平。首先对入学文化水平有明确要求，如防卫大学招收的是优秀的高中毕业生，军官候补生学校招收的是大学毕业生。其次各院校均设有文化课程，学员入学后可进一步提高文化水平。

由此可见，日本海上自卫队院校招收和要求学员的文化起点相当高，而海上自卫队干部学校作为海上自卫队的最高军事学府，其学员起点之高可见一斑。

海上自卫队干部学校十分重视与部队的紧密联系，这有助于学校教育水平不断适应部队的发展和需要，提高教育的针对性。不仅是自卫队干部学校，与部队紧密联系还体现在，日军各级指挥学校的校长历来都是由作战部队的指挥官担任，专业技术学校的校长则通常选调通晓技术的部队军官担任。

日军现役军官采取逐级训练的办法培养提高，军官晋升一级进一次学校，而一次入学只能进行一级训练。所以海上自卫队干部学校的基础教育、专业技术教育、高级教育学制均较短，学校根据学员情况开设各种班次，短则一个月，长则几个月或一年。

日军认为，一个院校的教育质量，在很大程度上取决于教员的素质，他们水平的高低、工作的好坏，直接关系着教学效果的大小和学校的声誉。所以海上自卫队干部学校的教员大都是受过良好正规的训练、经过严格挑选，既有真才实学又有丰富的作战和训练经验的军官、专家和学者。

日本海上自卫队模型

海上自卫队干部学校一贯重视超前教育，其教育走在部队编组、装备、训练等工作的前面。他们认为，一种新的武器装备在部队列装之前，首先装备院校，以便研究其运用理论、方法，并培养骨干人才。这样做的优点在于：通过学校的教学和研究，可对新装备作进一步论证，便于减少盲目性；还可先行培养出骨干人才，有利于加速新建部队的建设；可摸索出一些该装备运用的经验，便于推动部队的训练。

日本海军历来重视官兵的精神

教育，把官兵的精神状态视为部队战斗力强弱的重要标志，认为“防卫力量中最能发挥作用的是人，没有精神支柱的军队等于空中楼阁”。海上自卫队干部学校归纳其精神教育的内容大致有三个方面：使命教育，主要是进行爱国主义教育、服役教育、海上自卫队使命教育、国内外形势教育等。品德教育，主要是进行国民道德教育和军人品质教育。一方面培养学员具有一般国民所遵循的“讲道德、懂礼节、守信义、知廉耻”的品质，另一方面培养作为军人所必备的“强烈责任感、不屈不挠的意志、忠勇尚武的精神及高度的组织纪律性”。传统教育，通过各种渠道灌输旧日军的传统精神，号召学员发扬“大和魂”和“武士道”精神，培养“正统”的军人作风。

海军工程大学

中国海军第一所综合大学——海军工程大学

1999年4月26日，中华人民共和国中央军事委员会主席江泽民签署命令，以原海军工程学院为主，海军电子工程学院并入，组建新的海军工程大学，列入全军5所综合大学之一。

海军工程大学最早是大连海军学校的机械工程系，历经大连海校机械分校、海军机械分校、海军工程学院，最后成为今天的海军工程大学。

新中国成立后，举目疮痍，百废待兴。然而，共和国第一代的统帅们对人民海军的发展成长却给予了高度重视和极大的关怀。在国民党政权被推翻的前夕，党中央、中央军委就授命著名爱国将领张学良将军的胞弟、辽宁省军区司令员张学思着手筹建海军学校，并派他赴苏联考察和聘请顾问、专家。1949年11月，中央军委批准在大连组建海军学校，从而在人民海军历史上诞生了第一所正规的海军学校。

1950年12月，中央军委批准在大连海校原有指挥系和机械工程系的基础上扩建组建指挥分校和机械分校。

机械分校主要以培养海军舰艇初级工程技术人员为目标，教员大都来自清华、北大、上海交通大学、同济大学、复旦大学等著名高校的专家教授和优秀本科毕业生，也有少数原海军起义人员。学员大都是从地方招收的高中毕业生和大学一二年级的优等生，还有从陆军部队调来的有一定文化程度的战斗骨干，他们先进预科大队补习文化再进本科学习。

海军工程大学的草场和宿舍楼

1954 年 4 月，两分校各自独立办学。原机械分校组成海军机械学校。1961 年 9 月，以海军机械学校和原 198 师师部机构为基础，组建海军工程学院，执行军级权限，校址在大连。学院也由培养以管理专业干部为主，发展为海军工程的监造、验收、维修和管理使用工程师。后来，海工又接收了哈军工的舰炮、指挥仪、水雷、鱼雷、消磁 5 个专业，使海军兵器系的基础更加雄厚，进而为海军工程学院成为全国重点院校打下了坚实的基础。

1969 年，学院奉命由大连迁往武汉。1970 年 3 月，海军决定以海军工程学院为基础，抽调海军通信学校、海军军械学校部分干部、教员和器材，组成第二海军学校。这段时间，政治运动接连不断，招收的学员水平偏低，学制最长的一年，短的只有几个月，教学内容减了又减，大部分基础教研室被迫撤销，教学质量受到严重影响。

1975 年 5 月，中央军委从海军建设实际出发，批准第二海军学校改番号为海军工程学院，实行院、系、队三级领导体制。恢复后的海军工程学院迎着国家发展的势头乘势而上，逐步形成了博士、硕士、本科、大专、中专 5 个层次，多种规格的专业体系，实现了培养目标向技术指挥、工程管理的综合型人才转变；先后建立了仿真技术、可靠性工程、自动控制、军事运筹学、高分子材料和系统工程等新学科，培养了一批人才，取得了一批高水平的科研成果。

如今，海军工程大学正以一流的姿态昂首踏上新的征程。

办名校必须有名师。海军工程

大学发展50多年来，各级领导注重教员和管理干部两支队伍的建设，尤其是注重名师的培养。筹建之初，学院先后从清华、北大、复旦等名校聘请了一批教员，这些教员后来都成为海军工程大学教学科研中坚力量。1950年我军院校首次评定职称，该院曹修懋、强明伦、俞懋旦等5名同志成为我军第一批教授。随着海军建设的发展，海工大涌现出一大批在军内外享有盛誉的专家，带动教员队伍整体水平的提高。

1949年底，正在美国科罗拉多州立大学攻读柴油专业硕士学位的愈懋旦，听到新中国成立的消息，心情异常振奋，当即暗下决心，学成后尽快回国，用所学的知识研制“中国最早”的内燃机。获得硕士学位后他立即办好回国护照，导师和同学劝他暂时留下,他执意不肯，并说：“我的事业在祖国”。回国后他到海工担任机械工程系学科组领导工作后任内燃系副主任，主管教学工作，他带领教员、学员到船厂收集废旧机体，亲自到军队和地方联系调拨设备，然后加班安装调试，很快建成海军第一个内燃实验室，为学员实习和开展科研提供了必要的条件。为使我国内燃机研制生产赶上国际先进水平，他带领教员克服困难，顽强攻关，先后完成一系列科研课题。1955年，应旅大市邀请，他参加了大连机车厂“巨龙号”内燃机车的设计制造工作。当时在苏联专家撤走，研制工作陷入停顿的情况下，他带领工程技术人员从头干起,设计、制造、调试……经过几百天夜以继日的奋战，终于在当年国庆节前成功地研制出了我国第一台铁道内燃机车，并开往北京，接受党和国家领导人的检阅。作为海工第一任科研部长，愈懋旦为开创海军特色的科研基地，加速新学科建设和研究生教育做出了积极贡献。他直接参与了海工“系统工程”、“计算机数字仿真”学科的筹建与研究工作，并为创建学院研究生教育体系做了大量开拓性的工作。

我国著名船舶结构力学专家、博士生导师郭日修教授长期从事船舶工程教学和研究工作，是我国船舶结构力学学科的开拓者。他建立了旋转物体的水弹性理论，进行了“气幕”减震的开拓性研究，提出了潜艇耐压艇体加肋锥—环—柱组合壳计算方法；主持设计了我国第一代高速护卫艇的母型艇，为我国军舰结构设计解决了一系列难点。早在1951年,他在全国首次开设“舰船结构力学”课程，参与创建“造船工程系”，长期担任系主任，为

学员英姿

海工舰艇工程各学科的建立和发展做出了重要贡献。郭日修教授主持了海工第一个博士点的申报、建立、培养工作，并于1986年被国务院学位委员会批准为博士生导师，培养出人民海军第一个博士。

海军工程学院原院长、博士生导师姚树人教授是国内有影响的化学家。1951年，志愿军在抗美援朝战场上缴获了一种特殊的美军装备。海军领导机关把它转送到大连海校，从装备上印的英文知道此装备是救生用的。人落在海中维持生活最需要的是饮水问题，而海水苦涩不能饮用,该装置正是淡化海水的设备。设备中有一个容器，只要将海水装入容器，再把一种消盐剂的物品放入容器，摇动、沉淀之后海水就变成饮用的淡水了。海军领导机关作为一项紧迫军事任务要海校研制这种消盐剂，学校指定由姚树人教授主持研究。众所周知，把盐放在水中很容易溶解，而从水中把盐取出来使水成为能饮用的淡水非常困难。而姚树人教授克服重重困难，仅用一年多的时间就研制成功银沸石(铝硅酸银)——海水消盐剂，解决了抗美援朝期间我军飞行员海上失事后饮水自救的难题。姚树人教授还参与钱学森领导的火箭与卫星攻关专家小组，主持研制成功并指导生产出我国第一代可储存液体火箭推进剂，为我国人造卫星上天做出了重要贡献，先后承担国家重点项目

姚树人教授

“863 计划”中的“高性能高分子阻尼材料的研究和设计”等重大科研项目,取得一系列重大科研成果,有些达到国际先进水平。1999 年 9 月,作为特邀代表出席了中共中央表彰为研制“两弹一星”做出突出贡献的科技专家大会。

老一代专家教授为年轻一代树立了榜样。如今,一批年轻的“新生代”正在海军工程大学迅速崛起,跃上本学科前沿。

一战英国海军明星——贝蒂

贝蒂(1871–1936),英国海军元帅。1871 年 1 月 17 日,生于英格兰柴郡的斯塔皮利。1884 年,加入皇家海军,在“大不列颠”号训练舰上服役。1896 ~ 1898 年,任炮艇中队上尉指挥官,参加入侵埃及和苏丹。1899 ~ 1900 年,参加八国联军侵华战争,镇压义和团运动。

1910 年 1 月,贝蒂晋海军少将,1912 年,任海军大臣丘吉尔的副官,1913 年,任战列巡洋舰分舰队司令,晋海军中将。第一次世界大战期间,他多次参加海战。

1914 年 8 月,在黑尔戈兰海战中,贝蒂指挥战列巡洋舰分舰队击沉德国巡洋舰 3 艘和驱逐舰 1 艘。1915 年 1 月,在多格尔沙洲海战中,指挥 5 艘战列巡洋舰和 1 艘轻巡洋舰击沉德国“布吕歇尔”号装甲巡洋舰,击伤战列巡洋舰 2 艘。1916 年 5 月 31 日,在日德兰海战中,担任英国大舰队前卫舰队指挥官,为截断德舰队退路,率先迎战德国公海舰队前卫舰队。1916 年 12 月,任英国大舰队司令。

1919 年,贝蒂晋海军元帅,获功勋章。1919 ~ 1927 年,任第一海务大臣。在任期间,对英国海军的指挥体制和作战原则进行过重大改革。1921 年,代表英国参加华盛顿限制军备会议。

1936 年 3 月 11 日,贝蒂在伦敦逝世。

日德兰海战的组织者——杰利科

杰利科(1859–1935),英国海军元帅。

1859年，杰利科生于英格兰南安普敦郡一船长家。1872年，加入英国皇家海军。毕业后，任“蒙那兹”号舰炮指挥官。

1886年，杰利科抢救遇难船员时表现突出，获银质勋章。此后，历任海军部军法署助理、地中海舰队“维多利亚”号舰长、侵华舰队“森都里昂”号舰长、侵华海军参谋长、海军部军械局局长。

1907～1908年，杰利科在大西洋舰队任职，晋海军少将。

1911～1912年，杰利科先后任大西洋舰队司令和本土舰队司令。

1914年，第一次世界大战爆发后，杰利科任英国大舰队司令。1915年1月24日，指挥部队参加多格尔沙洲海战；3月，晋海军上将。1916年5月31日，在日德兰海战中，指挥英国大舰队与德国公海舰队作战。1916年底，任第一海务大臣兼海军参谋长。1917年，从海军部引退。1919年，晋海军元帅。1920～1924年，任新西兰总督。

杰利科

1935年11月20日，杰利科在伦敦逝世。著有《1914～1916年大舰队的创建和发展》（1919年）、《海战的危机》（1921年）和《潜艇的威胁》（1934年）。

英国舰队的挑战者——蒂尔皮茨

蒂尔皮茨（1849–1930），德意志帝国海军元帅，远洋舰队创建人，1849年3月19日，生于屈斯特林，1865年，考入柏林海军候补生学校，后毕业于基尔海军学校。1869年，任普鲁士海军军官。1871年，德国统一，转入德意志帝国海军服役。1877～1889年，长期从事鱼雷研制工作，历任三桅舰舰长、鱼雷试验和测试委员会委员、特种船船长、鱼雷训练船船长、海军部鱼雷监造局局长、鱼雷艇分舰队司令、装甲舰舰长、波罗的海舰队参谋长、海军总参谋长。1896年，任东亚巡洋舰分舰队司令，入侵中国胶州湾，强占青岛为德国海军基地。1897年

蒂尔皮茨

6月，任帝国海军大臣。1898年，任帝国普鲁士宰相。

蒂尔皮茨热衷侵略，拥护军国主义，积极推行殖民扩张政策；认为英国是德国的主要敌人，主张与日本结盟；认为建立一支强大的海军是作为帝国主义重新瓜分世界的重要工具；主张并着手建立一支足以对付英国的远洋舰队。他认为海军为完成战略进攻使命，至少需要超过敌方1/3的优势兵力，与英国展开海军竞赛。1900年，封为贵族，获"目黑鹰"勋章。1903年，任晋海军上将。1911年，任晋海军元帅。第一次世界大战期间，面对协约国优势海军兵力，德国海军公海舰队威慑政策破灭。蒂尔皮茨竭力主张开展无限制潜艇战。1916年3月，与帝国宰相霍尔维克意见分歧，被迫辞职。1917年，同卡普组建拥护君主专制的"祖国党"，任该党主席。第二次世界大战后，坚持帝国主义战争政策，持复仇主义观点。1924年，任魏玛共和国国会议员，1928年退休，1930年3月6日，逝世于慕尼黑附近埃本豪森。

二战期间苏联海军总司令——库兹涅佐夫

库兹涅佐夫（1902–1974），苏联海军元帅，1902年7月24日，生于俄国梅德韦德基村（今属阿尔汉格尔斯克州），1919年参加海军。苏俄国内战争时期，在北德维纳河区舰队参加对白卫军作战。1926年，毕业于伏龙芝海军学校，在黑海舰队服役。1934年，任巡洋

库兹涅佐夫号航母

舰舰长。1936 年秋，任驻西班牙海军武官兼海军总顾问。西班牙内战（1936 ~ 1937）期间，领导苏联赴西班牙志愿军参加西班牙人民民族解放战争。1937 年夏，任太平洋舰队第一副司令。1939 年，任太平洋舰队司令。第二次世界大战期间，任苏联海军人民委员、海军总司令。指挥苏联海军与陆军合同作战，保卫苏联濒海翼侧，破坏敌方海上运输及保护己方海上交通线，指挥海军舰队对日军作战。1947 年，任海军院校部部长。1948 年，任苏联远东部队副司令，分管海军。1950 年 11 月，任太平洋舰队司令。1951 年，任苏联海军部部长。1953 年，任苏联国防部第一副部长兼海军总司令。1955 年 3 月，被授予苏联海军元帅军衔。1956 年 2 月退役。1974 年 12 月 6 日，在莫斯科病逝。

库兹涅佐夫 1925 年加入苏联共产党，重视海军建设、训练和人才培养。获列宁勋章 4 枚、红旗勋章 3 枚、一级乌沙科夫勋章 2 枚及奖章和外国勋章多枚，是苏联第一、二、四届最高苏维埃代表。著有《前夕》（1966 年）、《海军的战斗警报》（1971 年）、《在遥远的子午线》（1971 年）和《把握航向，驶向胜利》（1975 年）等。

日本关东军的粉碎者——尤马舍夫

尤马舍夫（1895–1972），苏联海军上将。1895 年 10 月 9 日，生于俄国第比利斯。

尤马舍夫 1912 年参加沙皇俄国海军，在波罗的海舰队任水兵、军士。俄国“十月革命”时，被选为火炮中队委员会主席。国内战争期间，在里海区舰队服役。1919 年，加入苏俄工农红海军。先后毕业于海军指挥人员专修班、海军学院舰艇指挥员战术训练班。历任战列舰火炮中队长、协长，巡洋舰第一协长、舰长，驱逐舰大队长，巡洋舰支队长。

1937 年 9 月，尤马舍夫任黑海舰队参谋长。1938 年 1 月，任黑海舰队司令。1939 年 3 月，调任太平洋舰队司令，致力于太平洋舰队的巩固和发展，加强苏联远东地区的海军基地、机场和岸防建设。1943 年晋升为海军上将。1945 年 8 月，指挥太平洋舰队协同苏联远东第 1、2 方面军，对日军作战。粉碎日本关东军，收复南萨哈林岛等岛屿，协同朝鲜人民革命军，歼灭驻朝鲜北部日军；同年，获苏联英雄称号。

1947 年 1 月，尤马舍夫任苏联

武装力量部副部长兼海军总司令。1950 年 2 月，任苏联海军部部长。重视海军建设，以新兵器装备海军。

1951 年，尤马舍夫任海军指挥学院院长；1957 年退役，1972 年 9 月 2 日，尤马舍夫在列宁格勒（今圣彼得堡）逝世。

扭转乾坤的海军统帅——尼米兹

尼米兹（1885–966），美国海军五星上将。第二次世界大战中，盟军对日军海上作战的主要指挥者之一。

尼米兹 1885 年 2 月 24 日生于美国得克萨斯州弗雷德里克斯堡。1901 年，入安纳波利斯海军学校学习。毕业后，入海军服役。第一次世界大战期间，任大西洋舰队潜艇部队司令工程助理和参谋长。于 1938 年 7 月，晋海军少将，历任第 2 巡洋舰分队司令、第 1 战列舰分队司令、海军航海局局长。1941 年 12 月珍珠港事件后，任太平洋舰队总司令，晋海军上将。1942 年 4 月，任太平洋战区总司令，指挥太平洋战区的美军和盟军，参与制订对日军进行海上作战的战略计划。制定“积极防御、主动出击”作战方针，指挥开展空袭战和潜艇战，迟滞日军南进，破袭日本海上交通线。指挥航空母舰编队袭击吉尔伯特群岛和马绍尔群岛的日军基地发动珊瑚海海战，击沉日本航空母舰和驱逐舰各 1 艘；1942 年 6 月初，在中途岛海战中，他指挥隐蔽集结的航空母舰编队，以劣势兵力击沉日军航空母舰 4 艘、重巡洋舰 1 艘，击毁舰载机 330 余架，使太平洋战争的局势发生有利于盟军的转折。1944 年 12 月，尼米兹晋升海军五星上将。1945 年，任海军作战部部长，极力主张保留强大的海军，发展舰载航空兵和核动力潜艇。为表彰其战功，美国政府将 1945 年 10 月 5 日定为“尼米兹日”。

海军统帅尼米兹

你知道吗

你了解尼米兹的生平吗

1885 年 2 月 24 日，尼米兹出生于美国得克萨斯州的弗雷德里克斯堡。1901 年 9 月，尼米兹考入安纳波利斯的美国海军学院。4 年之后以优异成绩毕业，上战列舰实习。1907 年 1 月实习期满即获海军少尉军衔，成为“帕奈”号炮艇艇长，同年 7 月又成为“迪凯特”号驱逐舰舰长。1909 年越级晋升为海军上尉并改任潜艇军官，先后出任“潜水者”号、“甲鱼”号、“独角鲸”号等潜艇的舰长。1938 年 6 月，尼米兹晋升为海军少将。同年 7 月，出任第 2 巡洋舰分遣舰队司令。尼米兹于 1941 年 12 月 17 日珍珠港事件后，晋升为海军上将，赴珍珠港出任美国太平洋舰队总司令。

美国“海军之父”——琼斯

琼斯（1747–1792），1747 年出生在苏格兰的一个穷苦园丁家庭。13 岁时，琼斯成了一名水手学徒，19 岁时便成为当地最年轻的大副，21 岁就当上了船长。1773 年因船上的部分水手因工资问题密谋造反，狂怒之下用剑处死了兵变主谋，结果被英国政府通缉，于是逃到美国。时值美国独立战争时期，琼斯加入了美国海军，很快就俘虏了 16 艘英国商船，并把它们开到美国当时的政治中心费城。

1779 年，在北海海域与一支英国舰队的战斗中，琼斯的“好人理查德”号中弹受伤并开始下沉。这时英国人企图劝琼斯投降，琼斯却豪情万丈地回击道：“我还没开始战斗呢！”（这句话后来成了美国海军的名言）琼斯驾驶快要沉没的军舰向英国主力舰“塞拉皮斯”号冲去，两舰撞在一起，开始了“近身肉搏”。最终，琼斯的英勇气概摧毁了敌人的意志，“塞拉皮斯”号舰长皮尔森摘下佩剑，向琼斯投降。这场胜利使琼斯威震大西洋两岸。美国国会授予他上校军衔和一枚金质奖章，使他成为美海军中获此殊荣的第一人。琼斯胜利而归后，得知被提议授予海军少将军衔的决定未获批准，十分失望，于 1788 年加入了俄国海军，被授予俄国海军少将。此后，他负责指挥俄黑海舰队，在与土耳其的战斗中打了许多胜仗。

1792 年 7 月 18 日，琼斯因肺炎去世，年仅45岁。一年后，琼斯的遗体由4艘美国军舰护送回国。历史学家称他为“美国海军之父”。

美国海军上将中的上将——斯普鲁恩斯

斯普鲁恩斯（1886–1969），美国海军上将。第二次世界大战中，美国海军对日军海上作战的直接指挥者之一。1886年7月3日，生于美国马里兰州巴尔的摩市。1903年，入安纳波利斯海军学校学习，1906年毕业后，参加“白色大舰队”环球航行，1913年3月，任“班布里奇”号驱逐舰舰长，1917年8月后，历任纽约海军造船厂电气部门负责人，“爱伦华德”号、“戴尔”号等驱逐舰舰长。1938年，任“密西西比”号战列舰舰长。1940年秋，晋海军少将。后任第一海军军区司令、第5巡洋舰分队司令。1942年6月，任第16航空母舰特混舰队司令。在中途岛海战中，率航空母舰编队击沉日本航空母舰4艘；7月，任太平洋舰队参谋长。1943年5月，晋海军中将；8月，任第5舰队司令；11月，率中太平洋美国海军部队先后攻占吉尔伯特群岛和马绍尔群岛。1944年2月，晋海军上将；6月，在马里亚纳海战中，率部重创日本海军主力，使美军掌握西太平洋制海权和制空权。1945年2月，指挥美军实施硫黄岛登陆战役；4月，指挥美军实施冲绳岛登陆战役；日本投降后，指挥美国驻日本海军部队。1945年11月，他任太平洋舰队总司令。1946 ~ 1948年，任美国海军军事学院院长。1948年7月退役。1952 ~ 1955年，任美国驻菲律宾大使。1969年12月13日，在加利福尼亚州佩布尔滩逝世。他是一个受到所有认识他的人尊敬的人，尼米兹称赞他是美国“海军上将中的上将”。

上将中的上将——斯普鲁恩斯

美国海军上将——莱希

莱希（1875–1959），美国海军五星上将。1875年5月6日，生于美国艾奥瓦州汉普顿。1897年，毕业于安纳波利斯海军学校。在“俄勒冈”号战列舰服役时，参加美西战争。1899～1902年，在亚洲服役期间，参加镇压菲律宾人民的武装起义和中国义和团运动。1904～1911年，先后在“波士顿”号和“加利福尼亚”号巡洋舰服役，任太平洋舰队军械官。1912年，参与攻占尼加拉瓜，任萨瑟兰将军的参谋长。1917年7月至翌年4月，任大西洋舰队“内华达”号战列舰副舰长。随后，任“马托依卡公主”号运输舰舰长，向法国运送部队和补给品，获海军十字勋章。1921年，晋海军上校，任“圣路易斯”号巡洋舰舰长。1927年10月，晋海军少将，任海军军械局局长。1931年，任美国舰队驱逐舰部队司令。1933～1935年，任航海局局长。1935年，晋海军中将，任战列舰部队司令。1936年，晋海军上将，任海军作战部队总司令。1937年1月，任海军作战部部长，1939年9月，任波多黎各总督。1940年12月，任驻法国维希政府大使，执行防止法国海军落入德国手中的方针。1942年7月起，任美国武装部队参谋长，是美军参谋长联席会议和盟军联合参谋部的重要成员。参与制订美军及盟军在第二次世界大战中的战略计划。多次参加重要国际会议，担任总统首席军事顾问。1944年12月，被授予海军五星上将军衔。1949年3月退役。1959年7月20日，在马里兰州贝塞斯达逝世。著有《战争回忆录》（1950）。

莱希

“致远”号与邓世昌

邓世昌（1849–1894），清末海军将领，字正卿，原籍广东东莞，生于番禺。少时立志于海军，以御强敌。1867年（同治六年），入船政学堂驾驶班第一届学习，成绩优异，深受船政大臣沈葆祯的器重。

1871年，随“建威”练船实习航海，历经南洋诸岛，派管“建威”，旋调任“深航”舰大副。后任“海东云”、“振威”、“飞霆”等舰管带。1879年，调入北洋水师，任“镇南”炮舰管带。1881年，随丁汝昌赴英接收订购的“超勇”、“扬威”两艘巡洋舰回国，即任“扬威”舰管带。1885年升游击。1887年，以参将衔与守备邱宝仁同赴英国接收订购的“致远”、“靖远”等巡洋舰，1888年初，回天津大沽。同年，升参将，派往台湾平乱，事后以总兵记名简放，并加提督衔。北洋海军成立时，任中军中营副将，“致远”号巡洋舰管带。邓世昌治军严格，为官清廉，忠勇爱国。

邓世昌像

1894年9月17日，在中日黄海海战中，指挥“致远”号巡洋舰奋勇作战，后遭日舰围攻，受重创，舰体侧倾，毅然驾驶该舰全速冲向日本联合舰队第1游击队旗舰“吉野”（巡洋舰），决计与敌同归于尽。不幸在冲击中再次中弹而沉没。邓世昌认为舰亡不能独存，落水后，其亲兵刘某将救生圈推给他，邓世昌拒之不受，并说：“我立志杀敌报国，今死于海，义也，何求生为！”于是与全舰官兵250余人一同壮烈殉国。清廷谥以“壮节”，按提督例议恤，追赠太子少保，入祀京师昭忠祠。山东民众感其忠烈，在荣成成山上建祠塑像，岁时祭祀，以示景仰。

你知道吗

“振威将军”
是指哪位清代海军将领

叶祖圭，1852年生于福建侯官，1866年考入福建船政学堂，1877年被选为海军留学生赴英深造，1880年学成回国，任“镇远”舰管带，1889年升任中军右营副将，兼任“靖远”舰管带。在中日黄海大战中紧随旗舰“定远”号奋勇作战，并临危代替“定远”号指挥全队。

1895年1月，日舰又向我威海基地进攻，叶祖圭率“靖远”舰勇拒敌舰。

1905年7月29日逝于军中，为表彰他的功绩，清廷追授他“振威将军”称号。

新中国海军第一任司令员——萧劲光

萧劲光（1903–1989），中国人民解放军海军第一任司令员，大将。1903年1月4日，生于湖南省长沙市岳麓山乡。1922年加入中国共产党。1925年秋，奉命前往广东参加北伐，任国民革命军第2军6师党代表兼政治部主任，被授予中将军衔，参加了南昌会战、进军闽北、攻克南京等战役。1932年12月起，历任建黎泰警备区司令员兼政治委员、红11军政治委员、闽赣军区司令员兼政治委员、红7军团政治委员。1935年7月后，历任红3军团参谋长、陕甘支队第2纵队参谋长、陕甘宁省军事部长兼红29军军长，在宜川、洛川等地开辟游击区。1937年春，任中央军委参谋长。1949年12月，受命领导组建中国人民解放军海军。1950年1月至1980年1月，任海军司令员。在长达30年的时间里，为人民海军的创建、发展壮大和不断提高战斗力做出巨大贡献。领导海军部队边建设边战斗，协同陆军和空军解放了除台湾、澎湖、金门、马祖、乌丘以外的东南沿海岛屿；肃清海匪，粉碎国民党军和小股特务对沿海地区的骚扰破坏，保障了海上运输和渔业生产安全。在封锁金门作战中，领导海军部队协同陆军和空军狠狠地打击国民党军守岛部队和运输舰艇编队，粉碎了国民党军窜犯大陆的计划和美国企图干涉中国内政的阴谋。领导海军部队打击外国军舰、飞机入侵，保卫了领海和领空主权。1954年9月，任国防部副部长。1955年9月，被授予大将军衔，获一级八一勋章、一级独立自由勋章、一级解放勋章。1988年，获一级红星功勋荣誉章。

中国历经三代海军的将军邓兆祥

在我国海军将军的历史上，有一位历经三代（北洋政府、国民党政府、中华人民共和国）海军的军人，他就是邓兆祥将军。

邓兆祥11岁时虚报了2岁考入海军黄埔军校，5年后结业又转入吴淞海军学校、烟台海军学校、南京水鱼雷枪炮学校学习。1923年在北洋政府海军就职，任过“华甲”号舰枪炮副。1928年起在国民党海军就职，任过航海长。1930年赴英留学，回国后任国民党海军“宁海”号舰枪炮正，“通济”号舰副长。1936～1946年，历任国民党海军水鱼雷营营长、第2舰队司令部参谋、“长治”号舰长、“重庆”号舰长，1949年2月25日起义。1949年5月起，历任人民海军安东海军学校校长、海军快艇学校校长、第一海军学校副校长、海军青岛基地副参谋长、海军青岛基地副司令员、海军北海舰队副司令员。1955年，邓兆祥被授予少将军衔，获一级解放勋章。

南太平洋上的北海舰队

第四章
兵力纵横——海军实力的较量

随着国际贸易和航运的日益扩大，海洋开发的扩展，国际海洋斗争日趋激烈。濒海国家都非常重视海军的建设和发展，不断运用科学技术的新成果，发展海军的新武器、新装备，提高统一指挥水平和快速反应、超视距作战能力。海军大国仍将注重核动力舰艇、舰载航空兵和具有核进攻能力的兵种及远程海空预警部队的发展，并重视协调各兵种、舰种及支援保障勤务部队的均衡发展，以增强战略袭击能力和在海洋上机动作战、夺取制海权的能力，提高濒海地区攻防作战能力和应急快速部署能力。其他濒海国家，多数将注重加强海军近海攻防作战能力，少数国家将进一步发展海军远洋作战能力。

号称世界第一的美国海军

美国海军创建于1775年10月。1794年又重建，成为独立的军种。在19世纪末，美国为进行海外扩张和争夺殖民地的需要，海军获得空前的发展，至第一次世界大战结束，其海军规模扩大了8倍，到第二次世界大战结束时，它已发展成为世界上实力最强大的海军了。

美国第七舰队旗舰“蓝岭”号

美国太平洋舰队，虽说可以称得上是世界上最大的一个战略集团，但是它的发展之路也是历尽坎坷的。它的前身是1821年组建的太平洋中队，只是在1898年它打败了不可一世的西班牙舰队后，1907年才升格为美国最重要的舰队，太平洋舰队每天能快速反应的部队有：1～2艘航母、2～4艘“宙斯盾”导弹巡洋舰、18～20艘驱、护卫舰，5～6艘快速攻击潜艇、5～8艘两栖运输船和登陆舰，18艘支援舰、16艘海上前置部署舰。它拥有的200架飞机在航母或其他舰艇上，还有150～160架海军陆战队飞机。

旗舰，是海军舰艇编队、舰队的灵魂和中枢。在航行中，它根据敌情、海情指挥组成合适的队形，选择、指定航向、速度，组织可靠的观察和防御。在战时，它按预定方案或根据当前敌情进行运筹决策，指挥整个编队进行战斗。“蓝岭”号和“惠特尼山”号是美国专为第七舰队和第二舰队建造的两艘专用指挥舰，在多次演习中，证明了专用指挥舰比兼职旗舰要优越得多。“拉萨尔”号担负波斯湾、阿拉伯海和印度洋区防务的中东特混舰队旗舰，是由“罗利”级船坞运输舰改装而成，该舰在海湾战争中曾参与协调指挥中东特混舰队。“科罗拉多”号是美国第三舰队旗舰，曾担任过中东特混舰队、第六舰队旗

美国风级两栖龚吉舰

舰。1986年11月起，担任第三舰队旗舰。“贝尔纳普”号导弹巡洋舰，1986年开始担任第六舰队旗舰，它是美海军中唯一作为舰队旗舰的作战舰只。由此可见，美国有5艘可以承担战略编队任务的旗舰，它的指挥控制系统是“技高一筹”。

美国拥有许多两栖军舰，两栖军舰就是在海上能参加登陆作战的舰艇。如第二次世界大战中著名的诺曼底战役，在战役的初始阶段，两栖军舰就输送近百万登陆兵上陆。现在美国有39艘功能单一的两栖舰，如坦克登陆舰、两栖货船、船坞登陆舰等，但它的舰龄已老化，大部分已不适用现代作战的要求，必须建造新式、多用途的两栖军舰。

美国为什么要把它升格呢？主要是美国为适应冷战结束后出现的新局面所采取的措施。如原来主要是“遏制共产主义的传播和威慑华约侵略”，现在面对的却是如何应付世界各地偶发性危机，这种危机只靠大舰利炮已不能解决问题了，中东、马岛和海湾地区的战争就是最好的证明，没有陆战队的参与是难以解决问题的。之所以要将太平洋舰队海军陆战队升格，目的是赋予它与太平洋舰队同样的控制范围和权力，同等的对危机迅速做出反应的职责。因为从环太平洋地区到中东、东非一带是被美国列为头等大事的地区，而这一地区的争端随时都威胁着美国的“利益”。

美国海军在21世纪的军事战略是：利用舰队进行全球性机动或战役机动，以保障它们在前沿地区的随机存在；在现有武器射程范围内对海上和陆上之敌进行威慑或强有力的打击。实际上，在20世纪90年代末，美国前沿地区的海军兵力就已经能“达到”地球上85%的战略目标和城市，并能将75%的陆上战略目标和城市摧毁，能在世界大洋80%的海岸进行登陆作战了。美国海军的使命是：用强力施加影响。即无论和平时期还是战时，都要通过海洋在外国水域和海岸扩大本国影响。海军的重要作用是在前沿地区行动，以制止冲突发生，并对危机进行控制。而制止局部冲突的最重要手段是使用快速部队，即海军和海军陆战队。

实际上，美国海军的战略和使命，就是随时准备干涉他国或者说入侵他国，以最大限度地维护美国在全球“利益”。

美国拥有强大的后勤补给实力。

海上供应舰

后勤补给是夺取战争胜利的重要保障之一，兵家自古就有“兵马未动粮草先行”的警句。在历次战争中，各国逐步形成了一套适合本国军事情况的后勤保障体系与方法。

作为世界头号海军强国的美国海军，其兵力遍及各大洋，无论平时或战时对后勤的依赖程度都相当大。因此，美国海军不仅拥有大量的后勤舰船，而且它们都具有远洋综合补给或支援能力。如综合保障船，它们既可提供油料、淡水，也有食品、备件供应等，基本上实行航行中补给。补给时可纵向，亦可横向，就是前、后、左、右单独或同时对几艘舰进行补给，技术都很先进。这些船大都航速高、排水量大，能伴随战斗舰艇编队或迅速驶往补给点，进行大量投送。另一类为基地保障船，如医院船、潜艇维修供应船等。美国海军的医院船上配有800名医护人员，1000张床位，81个治疗室，最大收治能力为每昼夜300人。潜艇维修供应船不但可对潜艇进行维修，还可同时为4～6艘潜艇提供补给。“西蒙湖”级供应舰还可以向核潜艇提供24枚弹道导弹。

美海军现有后勤舰船80余艘，240多万吨，多为近20年建造，现代化程度较高，是美海军的一支重要海上保障力量。

美国在20世纪90年代初，提出研制一种被称为“移动海上基地”的兵器，说它是兵器，因为它要载坦克、战斗机和兵员，但它又像一个浮动的岛屿。它是由6个连在一起的半潜式组件组合而成，舱面形成一条1000多米的跑道，舱内可停数十架飞机或相应的坦克、火炮及运输车辆，有专门的住舱，还有油舱和修理舱。

根据任务需要，可以将设计好的组成浮岛的组件由集装箱船运送到指定位置进行组装，也可以6节的航速自航到指定位置，根据需要组合安装，担负战斗机基地或放出坦克、运输车辆上陆。美海军为什么要研制“浮动岛屿”呢？这当然主要是经济上合算。一艘航母的造价要50亿美元，而一个浮岛至多14亿美元就够了。当然，航空母舰是美海军力量及影响的象征，美国是绝不会放弃的。

你知道吗

美国海军可以在家门口服役

美国海军人员有一项特殊的优惠政策，可以在“家门口”服役。现在美国海军人员已结婚者，从7年前的55%上升到目前的61%，与此同时，冷战后舰艇在海上值勤的天数不但没有减少，反而大大增加。1996年5月有一天，竟有占舰艇总数61%的舰艇在海上。由于军费一再削减，薪金不可能增加，出海天数又在增多，必然给军人家庭增加负担和给队伍的稳定带来不利的影响。为了解决这一矛盾，美海军当局制定了一项“不远离家庭”的新政策，规定70%以上的海军人员在服役期间，可以自己选择服役地点。也就是说你可以就地服役，这样既缓解了军人的家庭矛盾，也可减少一大笔调防、探亲等经费的支出。

西欧海军——跨世纪大调整

由24国集团组成的西欧联盟，在欧洲的安全事务中，正在发挥越来越大的作用。利用军事政治联盟保障集体安全，是维护联盟战略的基础。在21世纪，联盟海军新的战略“前沿存在”将更加完善，完成海军一体化的条件和时机将更加成熟。

为保障欧洲集体安全和执行“前沿存在”战略，联盟海军将建立联合海军，以提高防御能力，保卫欧洲共同利益：加强海军合作，以有助于经济一体化和政治一统化关系的发展，组建联合舰队，以有利于前沿部署、快速反应和机动作战。

2000 年 4 月 10 日，西欧联盟的联合海军舰队——欧洲海军舰队正式成立，标志着西欧联盟各国的军事合作跨入一个新时期。是日，来自西班牙、法国、意大利和葡萄牙 4 国的海军舰队停泊在西班牙南部加的斯港，庆祝欧洲海军舰队正式成立。4 月 12 日，上述 4 国海军组成的联合舰队开始在地中海试巡航。

进入 21 世纪以后，西欧联盟各国的海军将进一步调整、压缩部队员额和兵力结构，注重人才培养，精减指挥机构，完善指挥自动化，提高指挥效能，优化兵力组合，充分发挥整体作战能力。在联盟海军中，英国、法国、德国和意大利 4 国海军仍将发挥主导作用。

虽然欧洲的安全环境和政治形势发生了根本性的变化，但是西欧联盟各国海军的基本需求并没有改变。由于西欧各国海军潜在的机动性、灵活性、持久力和来自东道主国家的有力支持，海军力量非常适合于提供和平时期的军事存在和危机反应，是维护地区安全的一支重要力量。

长期以来，西欧联盟各国的海

英国海军驱逐舰

军力量，无论在平时还是战时，都是国家对外政策的主要工具。各国军政领袖认为，海军是战略遏制的最主要构成部分，是对危机和冲突做出反应的有效工具，是保障海外领土完整，保障海上航行安全和海上经济活动顺利进行的坚实而可靠的基础。

冷战结束以后，随着新的地缘战略形势的出现，西欧联盟各国对海军的作战要求进行了全面评估，相继制定了适应21世纪海上安全需要的新海军战略或战略构想。

英国“无敌”级轻型航母

你知道吗

“不列颠奇旅”是哪支部队的美誉

17世纪中期，英国组建了海军陆战队，这支部队为英国做出了重大贡献，特别是在第二次世界大战，对德国纳粹的战斗中，屡建奇功。这支部队以装备精良、训练有素，队员精干强悍著称，加上传奇性的战绩，被人们称为“不列颠奇旅”。

1. 英国皇家海军，“日不落”帝国的今日风采

100年前的今天，大英帝国的大舰巨炮纵横全球，称霸四海，建立了3500万平方千米的“日不落”大帝国。当时的英国皇家海军，是世界上最强大的海军力量。其后，随着国家经济的衰退，英国的海上力量逐渐由一支全球性的海军衰落成为一支区域性的海军，海军的规模也大不如从前。目前，英国海军拥有兵力4.5万人，装备各型战舰170艘，其中，航空母舰4艘（3艘“无敌”级轻型航母，1艘“海洋”号直升机航母），核潜艇14艘（4艘战略核潜艇，10艘攻击核潜艇），导弹驱逐舰12艘，导弹护卫舰23艘。

尽管英国皇家海军从昔日的“海上霸王”衰落成了一支区域性的海军，但它仍拥有一支在当今世界不失为强大的海上力量。1982年远征福克兰，1990年掀起“沙漠风暴”，1998年主演“沙漠之狐”，1999年

轰炸科索沃，英国皇家海军均在其中扮演了主要的或重要的角色。

在冷战时期，英国作为北约主要成员国，把苏联及华沙条约组织作为主要假想敌，并在全球范围内参与军备竞赛和冷战对抗，其海军兵力要在全球范围内对付随时可能来自苏联海军的威胁。英国海军推行的是全球性海上军事战略。

进入20世纪90年代以后，随着柏林墙的倒塌和苏联的解体，英国海军失去了往日的对手，大规模的海上屯兵已不再必要。为此，英国海军根据国家军事战略的改变，对海军战略进行了调整，并对海军的任务作了重新规划。

英国是传统的海上强国，皇家海军直到二战前一直占据着世界霸主的地位。到第二次世界大战结束时，美国海军成了新的世界海上霸主。20世纪60年代初，苏联海军又超过了英国，英国退居第三。直到1981年诺德出任海军大臣后，形势才有所改变。增加了国防预算中的海军份额，先后建造了17艘核动力攻击潜艇。1982年“马岛战争”后，英国政府重新认识到海军对英国的重要性，更加重视海军的建设和发展。

英国皇家海军陆战队队员

英国皇家海军总兵力逾6万人。主要作战力量有4艘战略导弹核潜艇，12艘核动力攻击潜艇，2艘常规动力潜艇，3艘轻型航母，12艘导弹驱逐舰，25艘护卫舰，25艘扫雷舰艇，7艘两栖舰，1艘航空支援舰及15艘大型后勤补给和加油舰。海军航空兵拥有37架固定翼飞机和160架作战直升机。其核潜艇部队规模仅在美俄之后，居第三位。

英国海军目前虽面临财政困难、舰龄老化、兵员不足、舰艇制造技术水平较低等诸多问题的困扰，但作为对海军具有强烈依赖性的岛国，今后仍将大力发展和加强海军力量。

英国海军在西欧各国中实力最强，近年来因加强了质量建军，使军事素质进一步提高，在担负的各项任务特别是马岛战争中表现突出，因此英国海军领导人自称：我们是世界上最好的。

英海军现役官兵约6万人，实

行志愿兵役制，水兵签订服役期为3～22年的合同。士官服役期不少于10年，低级军官靠达特茅斯皇家海军学院培养和从地方上招募，但在16年内不能晋升至少校就必须退役。

英海军在培养人员上注意选拔优秀人才，既考虑他们所受的教育及心理特征，又注重通过实践去锻炼他们。舰艇部队约80%的训练时间是在海上度过的，还通过参加维和部队和局部战争来培养军人的职业素质。

英海军舰艇的完好率很高，有60%以上的舰艇处于经常性战斗准备状态，这是世界上最高的指标。从马岛战争中即可看出，一宣布战争，一两日内就出航了，有的是在海上训练中直接去参战的。

由于英海军军人拥有扎实的专业知识和技能，他们退役后，有78%的人不出三个月就能在地方经济部门找到工作，而其中56%的人一退役就有了职位，这不能不说是素质为他们带来的优势。

2. 法国海军，欧洲第二大海军

法国海军创建于1624年，第一次世界大战期间，法国海军是当时地中海规模最大的舰队，确保地中海交通线的安全。在第二次世界大战中，排名世界第二的法国海军于1942年11月被德军逼近土伦港时，将舰队50艘战舰自沉港内，法国舰队全军覆没。现在法国拥有约6万人的海军，在人数上成为欧洲的第二大海军。

法国“戴高乐”号核动力航母

法国海军航空兵部队是海军武力的核心，其战斗部队共分为三类：海洋巡逻队，负责安全预警；舰载固定翼飞机，即航母上的飞机，是战斗核心中的核心；旋转翼飞机，是配置在各型舰艇上的直升机，它们除担负反潜任务外，还为反舰导弹提供中继制导，也就是让舰艇在更远的距离上攻击对方目标。

法国海军陆战队最早出现在1622年，称海军连，至1665年才扩编为海军团，1761年拥有5个海军团。在拿破仑时代，他们考察了大不列颠岛的筹备工作，因成绩显著被法皇命名为“帝国近卫军海军

法国战略导弹核潜艇

营”。波旁王朝复辟后，先后到阿尔及利亚、突尼斯和北部湾地区作战，成为法国扩张殖民地的工具。20 世纪 40 年代后期，陆战队曾被派往印尼、越南等国去镇压民族运动。1956 年参加了英法联军夺取苏伊士运河的登陆战役，1954 ~ 1962 年又参加了镇压阿尔及利亚人民反殖民主义的起义。

法国的海军陆战队比较特殊，在编制序列上它不属于海军，而是陆军的一个兵种，共 3 万多人。这支部队装备精良。如第 9 海军陆战师，装备有 1700 辆车、72 辆侦察车、340 辆装甲运送车、24 门 155 毫米榴弹炮、24 门 120 毫米迫击炮、120 部反坦克导弹发射架、8 部防空导弹发射架。该师不仅可单独作战，也可协同其他兵力作战。法海军陆战队拥有不少著名的团队，如第 11 空降师中的第 1 和第 3 伞兵团，前者擅长在敌后作战，被称为“伞兵中的伞兵”，第 3 伞兵团则以剽悍善战著称，第 8 伞兵团有 30 多年的各次海外作战经验，有“像牛皮一样硬”的别名。

法国是世界强国之一，它不但拥有陆、潜、空三种核力量，还有在马岛战争中使参战国望而生畏的“飞鱼”导弹。法国是一个不甘落后和听人摆布的国家，当年它不满美国在北约的指手画脚，干脆退出了北约组织。在科索沃战争中，它是敢公开提出不同意见的北约国家。

法国之所以敢这样做，除与它的国家性质、民族气质有关外，不能不看到它拥有的军事实力。

雄心勃勃的俄罗斯海军

俄罗斯——仅次于美国的海上大国。俄海军有着300年历史和传统，其军事战略思想虽几经更改，其海上力量虽几度兴衰，现在却依然是一只俯视世界东西方的“双头鹰”。

从叶利钦总统到普京总统，他们都十分重视俄罗斯的军队建设，尤其是海军军事战略思想建设。2000年春天，普京在当选总统前，曾驾机上天，乘舰入海，并强调：俄海军“应当加强在世界各大洋的存在，以捍卫俄罗斯的利益”、“俄只有成为海洋强国，才能成为世界大国”。

1993年初，叶利钦在访问韩国时第一次提出“双头鹰”理论。次年秋，前俄副外长帕诺夫对“双头鹰”理论作了解释：“俄罗斯鹰不是半侧着脸，而是完全转过头去看东方。”俄罗斯经过几番沉浮之后，既想搭上“欧洲快车”，又想跻身“东方快车”；俄罗斯海军经过几年调整改革之后，确立了新的海军军事战略，绘制了新的“海权蓝图”，正雄心勃勃地向茫茫大海进军——21世纪海洋强国排行榜上，必然有俄罗斯的名字。

俄罗斯海军陆战队创建于1705年，历史上，它曾参加过对瑞典、土耳其、法国、日本和德国等国的战争，因战功卓著，曾获俄国当时的最高奖励——乔治锦旗。

苏联卫国战争时期，陆战队发展至21个旅，其中有数十个海军陆战团、营战斗在各条战线上，在几次著名的战役中始终冲锋在前，他们的英勇顽强令敌胆寒，被德军称为“黑色的魔鬼”、“黑云”。俄海军陆战队在多年血与火的实战中得到了锻炼，其作战经验和战斗力不仅在俄军中，就是在世界上也是名列前茅。

最初的俄罗斯航空兵只是单纯的侦察兵。第二次世界大战期间，

俄罗斯海军陆战队

其航空兵发展成海军的一个主要兵种，它在海、陆、空战时都发挥极强的战斗力。战后，苏联海军航空兵成为可在大洋作战的强大兵力。苏联解体后，俄罗斯海军航空兵不论数量还是质量都有所下降

现在俄罗斯海军陆战队只有1万余人，设1个陆战师，3个陆战旅。其装备仍很先进，都是新研制的产品，如中型、轻型坦克、BTP-80装甲运兵车、122毫米水陆自行榴弹炮、120毫米水陆自行火炮、水陆两用化学侦察车、火箭筒、狙击步枪、喷火器、各型防空导弹等。

你知道吗

你知道俄罗斯海军如何庆祝它的300周年诞辰吗

1996年7月28日是俄罗斯海军诞生300周年纪念日。

庆典当天在海军首都圣彼得堡举行大型庆祝活动。从1995年7月30日起，在莫斯科举办反映俄海军历史和当代海军生活的展览。俄政府向数百名海军老战士及牺牲者的遗孀提供了20万卢布救助；组织海军老战士在俄军中央大楼举行庆祝“大集会”；向各舰队的老海军颁发“俄罗斯海军300周年”纪念章。

俄罗斯的海军航空兵是海军中最年轻的兵种，在80多年的历程中，以光辉的战绩被誉为俄罗斯的“海上雄鹰”。

最初的俄罗斯航空兵，只用于侦察。在第一次世界大战爆发后，开始用于轰炸和攻击。1916年7月4日，俄4架水上飞机与4架德国飞机进行了俄海军航空兵史上的第一次空战，两架德国飞机被击落，另外两架逃走。为此，这一天被定为俄海军航空兵诞生日。

第二次世界大战期间，苏联海军航空兵发展成海军的一个主要兵种，它不仅在陆上被频繁使用，如参加轰炸德国首都柏林，也在海上与舰船协同作战，它歼灭敌舰艇的数量占海军歼敌舰船总数的2/3。战后，苏联海军航空兵得到进一步发展，拥有先进的机种，成为可在大洋作战的强大兵力。苏联解体后，俄海军航空兵同样受到削弱，其数量和质量都有所下降。

俄罗斯北方舰队

米 -28 武装直升机

俄海军现有四个舰队（北方舰队、太平洋舰队、黑海舰队和波罗的海舰队）和一个区舰队，总兵力20余万人，拥有战略核潜艇26艘、多用途潜艇约100艘、水面舰艇约100艘（其中航母1艘、巡洋舰7艘、驱逐舰和护卫舰31艘），各种飞机800余架。

俄罗斯最大的舰队是北方舰队，北方舰队是俄罗斯海军四个舰队中最大的一个。北方舰队的前身是1933年组建的北冰洋区舰队，第二次世界大战后得到了迅速发展，成为苏联规模最大、实力最强的舰队。苏联解体后，俄罗斯出于战略方面的考虑，将原黑海舰队一部分性能先进的舰艇调入北方舰队，使北方舰队实力进一步增强，成为俄海军主要的海上力量。

北方舰队由水面舰艇部队、潜艇部队、航空兵部队、阿尔汉格尔斯克海军基地、舰队陆战旅和直属分队等6个主要部分组成。舰队司令部设在北莫尔斯克。舰队的任务辖区包括北冰洋和大西洋。它的战略任务是依托科拉半岛及其附近的海军基地，前出大西洋，从北翼包围欧洲，进而可袭击美国本土，破坏美国至欧洲的海上运输线。此外，还担负向地中海派遣分舰队的任务，由此可见，该舰队在俄国家安全战略中的地位非常重要。

目前，北方舰队拥有各种舰艇387艘，航空母舰和战略潜艇全在北方舰队。有作战飞机190架，武装直升机69架。

近几年，俄罗斯逐渐加强了军事训练、战备值勤和对外交往，特别是以演习代训练的方式，很受世人关注，因为它既训练部队又实际检验作战能力。但因受国内经济影响，俄海军的现状并不乐观，2000

年8月13日“库尔斯克”号核潜艇的沉没事故就是例证。这些问题直接影响了海军战斗力的提高，制约了海军的发展。即使如此，俄当局仍然采取积极的措施，力求保持海军的稳定和发展。

尽管俄罗斯经济大滑坡，海军的建设受害最大，但俄罗斯海军并不甘心落入二流的水平，在世纪之交，他们制订了海军发展的“世界海洋”计划，以期重现“昔日辉煌”。

这一雄伟的“世界海洋”计划中舰船建造规划是：在2010～2015年间建造新型核动力航母；各型舰的数量将达到：航母4艘，战略核潜艇16艘，多用途核潜艇50艘，常规动力潜艇50艘，驱逐舰24艘，护卫舰120艘，导弹艇60艘，登陆舰24艘，猎（扫）雷舰100艘。海军人数将保持在22万～23万。

日本海上自卫队的航母梦

今天的日本海上自卫队，已经是亚洲、西太平洋地区具有远洋作战能力的海上武装力量。日本已经跻身世界海军强国之列。但是，由于受“和平宪法”及日美安全保障体制的制约，日本至今没有航空母舰和核打击力量。

1. 航空母舰——日本战后梦寐以求的装备

日本曾经拥有又被战争之剑斩毁的航空母舰，常常出现在海上自卫队的梦中。特别是20世纪80年代中期，日本提出保卫1000海里海上航线以后，海上自卫队已多次提出建造航空母舰的方案。实际上，日本海上自卫队的航母梦一直就没断过。据美、日报道，早在1952年，日本就开始酝酿航母的建造工作。1951年《日美安全保障条约》签订，根据这个条约，美国海军租给日本10艘护卫舰、50艘登陆支援舰艇，作为海上警备队筹建时的装备。后来，这个警备队里有一个“Y委员会”的机构，它是以旧海军大将野村吉三郎为首的一班人，他们专门负责接收租借舰艇、征募兵员及编制训练计划、制订舰队编成序列等工作。在进行接收租借舰艇的准备时，保科善四郎和“Y委员会”的一批旧海军出身的委员们一起研究了重建海军的问题，最后形成了“新日本海军再建案”计划。该计划提出日本海军再建的规模是：舰艇吨位数应在30吨左右，大、小各型舰艇300余艘，其中包括4艘8000吨级的护航航空母舰。当野村吉三郎、保科善四郎们将这一方

日本二战时曾拥有的航母

案提交给美国海军决策部门时，由于计划过于庞大，且又超过了日本恢复经济时期的经济能力，因而被美方否决了。但是，通过这一海军再建案，可以看到日本拥有航母之梦由来已久。

你知道吗

日本海上自卫队的发展目标

日本海上自卫队21世纪的目标是：

（1）建造航空母舰。随着日本21世纪在国际事务中扩大发言权，建造航母的计划提上日程。

（2）发展大型运输舰。21世纪初，日本至少拥有10艘“大隅”级舰船。

（3）建立九·十舰队。打造由10艘驱逐舰和9架舰载直升机构成的舰艇编队。这种组合模式是舰艇反潜作战的最佳方式。

（4）大力发展潜艇。在潜艇质量不断提高的同时，数量也将有新的发展。

到了50年代后期，日本海上自卫队内部又一次提出了建造航母的动议。他们提出：在1962 ~ 1966年“第二次防卫力量发展计划”执行期间，建造“直升机航母”。1959年，海上自卫队参谋部进行了建造直升机航空母舰的规划。这年8月份，技术研究所完成了设计方案，这个方案的主要数据是：标准排水量8000吨，常备排水量1.2万吨，满载排水量1.4万吨，主尺度为全长166.5米，水线长160米，最大宽度22米，总功率6万马力，双轴，航速为29节左右，与当时正在建造的导弹驱逐舰所用的动力装置同型。舰首采用首楼型，以首楼后端至舰尾艇板前端设有直升机机库，舰首为非封闭式。为减小舰体侧面受风面积的上层建筑的重量，机库和飞行甲板并未延长至舰尾端部。这样设计有利于航母的稳定性和抗摇性能。直升机机库总长为112.5米，最大有效宽度为26.5米，从甲板升降机后部至飞行甲板后端可供3架直升机同时起降。航母的两舷各有双联装76毫米平高两用速射炮2座，总共4座。各配备有1台MK63射击指挥仪、2台指挥仪，可在各自分工的射界内联动相关的速射炮发挥火力。电子设备主要有OPS-3A对海警戒雷达、OPS-1对空警戒雷达、“塔康”飞机归航引导雷达以及SOS-4舰壳式声呐。上述设计方案不可谓不先进，且此时日本也已具备了制造这种直升机航母的技术能力。但由于内外各种反对因素，这一方案又一次被搁置了。

在实施1967～1971年和1972～1976年的第三次和第四次“防卫力量发展计划”时，又两次

日本日向级直升机航母

搁浅了航母计划。第三次计划中的直升机航母，在反对声中修改为2艘5000吨“榛名”级直升机驱逐舰的计划。而在第四次计划中，为避人耳目，将2艘8000吨级直升机航母改为“大型直升机驱逐舰”列入计划。但由于石油危机的冲击而出现的财政困难，再次将之搁浅。

1982年英、阿马岛战争爆发，这为日本研制新的混合搭载鹞式的飞机和直升机的航母提供了诱因。当时，英国皇家海军的“无敌”号轻型航母及其鹞式直垂短距起降飞机，在战场上大显身手。这一新型航母立即引起了日本海上自卫队的关注，并立即着手进行探讨研究。次年，海上自卫队在拟订1984年中期业务计划时，重新提出了建造小型航母的计划，并进行了内部和秘密的设计规划。但由于当时仍受军费不超过国民生产总值1%的严格限制，在公布防务计划大纲时，又不得不取消了这一计划。

1986年下半年，海上自卫队又以“加强水面打击力量”为由，提出了关于建造1艘可搭载AV–8B飞机的轻型航空母舰的建议。这种航母类似英国的“常胜”号航母，具有搭载20架“海鹞”飞机或AV–8B飞机的能力。这种航母可以起到保卫舰队和船队的作用，可以对付苏联的TU–26逆火式轰炸机。但这种航母仍不能搭载E–2C预警机，无法早期发现来犯的轰炸机，因性能仍不够精良，故又遭搁浅。实际上，日本真正想拥有的是能起降固定翼飞机的大型航母，建造轻型航母只是一个跳板。如果立即建造大型航母，特别是建造核动力攻击型航母，美国出于自身安全的考虑，是不会允许的。但对其建造轻型航母，则会视而不见。深知美国心思的海上自卫队，自然就采取循序渐进的方式，先造轻型航母，再过渡到建造大型航母。后来，日本海上自卫队建造的4艘8900吨的大型气垫登陆舰，装有全能式飞行甲板，可搭载短距起降飞机和直升机，这种舰艇除可加强两栖作战能力外，亦可看做是日本试图打破建造航母禁区的尝试。上述气垫登陆舰，由于具有远航能力，很容易改装成运载垂直起降喷气式飞机的轻型航空母舰。

上述情况表明，日本战后的航母梦由来已久。有人称，日本海上自卫队离航母只有一步之遥。拥有航母，特别是拥有大型航母，是海上自卫队全面提高其作战能力，称雄大洋，实现其成为政治大国愿望的有力保障。拥有大型航母，也是其重温昔日辉煌的需要。

2. 核武器——核威慑力量，海上自卫队追求的目标之一

在一次联合国召开的国际会议上，一个国家的代表称日本肯定已经拥有了原子弹。更多的国家认为，日本现在还没有但将来肯定会拥有原子弹。据美国公开的一份外交文件披露，日、美于1960年1月19日在华盛顿签署两国新安保条约之际，交换了允许把核武器引入日本本土的秘密会议记条。该文件是一封题为“核武器与小笠原群岛”的电报，是1968年1月4日由当时的美国务卿腊斯克发给美国驻日大使约翰逊的。在日、美关于小笠原群岛归还问题的谈判中，为了归还后也能在发生战事时把核武器带到该岛，这位国务卿要求日本方面同意采取“与1960年缔结的秘密特别协议相同的做法”。电文中说，由于担心日本政府泄露有着允许携带核武器进入日本的会议记条，可以只由美国大使馆保管会议记条，但“重要的是，要使今后历届日本政府知道美国（即关于再度部署核武器问题）的立场”。由此可见，美、日之间早就有了在日本再度部署核武

日本核电站

器的“交易”。

事实上，日本早在第二次世界大战之前，就有了核战略雏形。当时，日本拥有第一流的人才，如丹麦著名科学家玻尔的高徒仁科芳雄，以及对核物理研究有相当造诣的二阶义男、荒胜文策等20余人。1934年，荒胜教授曾进行过人工撞击原子核的实验，并获得了成功。1941年5月，安田武雄中将接到东条英机关于研制原子弹的密令，即指令仁科芳雄以东京物理化学所为基地，开始研制核武器。1942年底，东条英机得知美国正在秘密研制原子弹，并已取得了突破性进展，于是下令加快研究的步伐。由于诸多因素，直到战争结束，日本也没能研制出核武器，尤其是没能分离出用作原子弹装料的铀-235。

二战后，日本在日美安全保障的荫护下，口头上承诺坚持“无核三原则”，暗中却隐蔽地进行开发核武器的准备。据俄罗斯《消息报》报道，日本的一份秘密外交文件称：“日本当前采取不拥有核武器的政策，但是要保持制造核武器的经济、技术能力，以及不受外来挟制。”这就表明，所谓的“无核三原则”，只是在强大的国际社会的压力下所采取的一项权宜之计。实际上，日本早就准备在时机成熟的时候，制造出自己的核武器作为“杀手锏”。日本自卫队的高级将领们始终在叫嚷：“鉴于日本防卫需要，核武器是绝对必要的。”1994年，当时的日本首相羽田孜在答记者问时，曾毫不隐讳地说：“日本确实有能力拥有核武器。”1995年，日本著名的《宝石》杂志也披露：“日本能在183天内制造出原子弹。”英国也有报告说：“日本甚至有可能已秘密造出了一个只需要上浓缩钚就能完成组装的核弹。”

日本不仅在口头宣称可以拥有核武器，实际上也在紧锣密鼓地进行着核武器的研制、开发。其一，日本加强核能的开发和利用，大力发展尖端的核技术研究。日本现在拥有核规模在世界上名列第三，全国28%的电能是靠核电。日本以和平利用核能为名，大力开展尖端核科技研究。比如，从事常温、室温的核聚变研究，使其在最大程度上受到人为控制，并能摆脱高温条件的限制。

日本尽管目前还没有制造出核武器，但在核技术的研究与开发方面，却始终处于世界领先水平。据西方媒介报道，日本拥有世界上唯一的大型螺旋形核聚变实验装置，其受控核聚装置也是属于世界一流的。俄罗斯《消息报》指出，在日

多国游行抗议日本核设施泄露

本迅猛的核工业发展势头面前，谁也不敢肯定，将来日本不会涉足核武器。因为日本拥有雄厚的资金、发达的科技水平和强大的工业基础。一旦形势需要，日本做出建立核武装的决定，便可以在很短的时间内达到目的，从而一跃成为世界第三核大国。

海洋对于日本具有极大的诱惑力。日本自卫队一旦拥有了航母和核打击力量，将会是什么情形？爱好和平的人们正在注视着它的发展趋势。21世纪将是一个新的海洋世纪。对于海洋资源和具有战略意义的海洋领土的争夺，现在已经开始涉及越来越多的国家，未来必将有更加激烈的争夺。在这方面，日本不是等闲之辈。看看它的过去和现在，便可预知它的未来——日本是不甘落后的。

不甘受制于人的印度海军

印度，是一个有着光辉灿烂历史的文明古国，曾为人类文明提供过无数的珍贵财富，也是一个有着10亿人口的世界人口大国。然而，更让人们不可小视的是，它在南亚掀起的核军备竞赛，以及它逐渐增强的军事实力和面向印度洋的大战略。

尽管在独立后印度的领土范围缩小，实力也大大削弱了，但雄心勃勃的印度领导人始终没有忘记“印度中心论”和“大印度联邦”的战略设想，始终渴望着在新的世界里大展宏图，“做一个有声有色的大国”，并坚定地要确定印度在南亚次大陆的支配地位。为了实现这大国梦想，多年来，印度和巴基斯坦进行了三次印巴战争，其间小的武装冲突无数，并在1971年将东巴基斯坦肢解出来成立孟加拉国，进一步削弱了巴基斯坦国力；为了这一个梦想，印度策动和支持了达赖喇嘛叛逃，企图分裂中国，占领大量中国领土，并于1962年悍然发动中、印边界战争；为了实现这个梦想，印度吞并锡金；为了这个梦想，印度放弃“不结盟”政策，寻求靠山，并积极争取做联合国常任理事国，力做世界政治大国；为了这个梦想，印度穷兵黩武，大力加强军事现代化，争当世界军事强国，成为世界上军备采购大国；为了这个梦想，印度立志做核大国，它不顾世界性反核潮流和核裁军趋势，拒绝签署1996年9月联合国大会通过的《全面禁止核试验条约》，在南亚次大陆掀起了核军备竞赛，并且毫不负责任地把发展核武器说成是为了抵御来自中国的威胁，把中国作为主要对手。

几十年中，印度在励精图“志”。在东南亚，印度的军事力量首屈一指，无人能比。在亚洲，印度是第二大国，是有航母的亚洲大国，并且与亚洲第一大国的中国发生过边境战争，其边界纷争依然难解。在世界，印度享有“世界十大经济强国之一”的美誉，其军事力量号称世界第四，是世界上第六个核大国。

凡此种种，无不说明印度这个南亚雄狮已经醒了。

印度“维特拉”号航母

其周围和世界的人们，应该注意这只雄狮的动向。印度政府认为：建设一支战斗力强大、现代化强度高的远洋海军，是实现地区霸主地位的力量保证。因此，在其野心勃勃的军队现代化建设过程中，印度海军的发展是重中之重，印度坚持实施海军优先发展的方针，努力造就一支强大的远洋海军。

1947年8月15日，印巴分治后，印度在原英属皇家印度海军的基础上，重新组建了海军。当时海军兵力不足1万人，中、小型舰艇不到20艘，是一支仅能沿海巡视，根本不能出海打仗的海军。经过几十年的苦心经营和大力发展，特别是印度政府于1978年批准实施海军20年发展计划后，印度海军实力急剧膨胀，其综合战斗力有了质的飞越。至20世纪90年代初，印度海军总兵力已达到5.5万人，到90年代末，海军已发展到6万人，编成2个舰队、25个舰艇中队、16个海军航空兵中队。海军目前装备各类舰船138艘，其中主战舰艇47艘，其他各种小型舰艇和辅助船只91艘，总吨位30余万吨。主战舰艇中，有2艘航空母舰（2.9万吨的“维拉特”号和1.95万吨的“维克兰特”号航空母舰，“维克兰特”已于1997年退役）、19艘常规潜艇、8艘导弹驱逐舰、21 艘护卫舰，还有 17 艘小型护卫舰、6 艘导弹艇、20 艘水雷战舰艇、16 艘两栖舰船和多种辅助舰船 23 艘。此外，印度海军还有各型飞机 170 余架，其中战斗机 65 架、直升机 90 架。从整体来看，印度海军总兵力居世界第 7 位，舰船数和总吨位居世界第 10 位。其大型水面舰艇已基本完成大型化、远洋化、导弹化、直升机化和电子化。

印度海军最高领导机构为海军司令部，主官为海军参谋长，上将军衔。印度海军建有 3 个地区司令部，即东部、南部、西部司令部。印度海军的指挥层次主要分为4级，即海军司令部、地区海军司令部、舰队（或基地）、舰艇中队（或海军航空兵中队）。印度海军拥有水面舰艇部队、潜艇部队、海军航空兵部队、岸基部队、陆战特种部队、海运部队等兵种。他们组成三层海上力量，即由航母领衔远洋主体舰队组成的远洋海军；保卫海岸线及港口的近海海军；保卫 200 海里经济区海洋资源的海岸警卫队。

为了建设大海军，印度政府采取优先发展海军装备，从发展海军造船工业，建造国产军舰入手，依靠俄罗斯，迅速扩充海军实力的方针。海军的军费开支逐年增加，海军军费的比例不断提高。印度海军运用连年不断增加的军费，加快武器装备的现代化建设，仅 1997 年以来，印海军就有 29 艘技术先进、性能优良的国产驱逐舰、护卫舰、两栖攻击舰、训练舰和巡逻舰入役，以顶替苏联六七十年代提供的武器装备及已接近退役年限的舰船。印

印度国产核潜艇“歼敌者”

米格舰载机

度海军实行大舰战略，大力扩充各型作战舰只，建成了一只由大型军舰、潜艇、航母、舰载机和高技术电子装备组成的力量均衡、具有威慑力的远洋海军。

这支远洋海军的核心是航空母舰编队。

以航空母舰为中心，形成远洋作战突击群。印度认为，未来海上作战必须夺取海上制空权，没有制空权，就难以保持持续的制海权，甚至根本就不可能有制海权。在近海海域，夺取制空权可以由岸基飞机完成，但在公海远洋作战，就只能由舰载机来完成。因此，要夺取远洋进攻的胜利，关键是要有航空母舰。作为海军大国的主要标志就是航空母舰。有了航空母舰，便使印度能够保持其在印度洋海域可靠的战略威慑。为此，印度制订了“21世纪远洋海军扩充计划”，其目标是建立东、西、南三支以航空母舰为中心的远洋作战突击群。

东盟海军——群起追逐闹南海

东盟，即“东南亚国家联盟”，于1967年8月8日由印度尼西亚、泰国、菲律宾、新加坡和马来西亚5国发起成立。在1998年4月30日东盟外长会议上，柬埔寨被正式接纳，成为了第十个东盟成员国。至此，东盟由最初的5个成员国发展到10个，包括泰国、印度尼西亚、菲律宾、新加坡、马来西亚、文莱、越南、缅甸、老挝和柬埔寨，终于实现了“东盟十国梦想”。

东盟是个地区间的政治、经济合作组织，其宗旨是“促进地区和平与繁荣”，发展相互之间的政治、经济和军事合作关系，谋求建立“和平区”。1976年2月，东盟第一次首脑会议签订的《东南亚国家联盟协调一致宣言》，规定成员国最大限度地利用东盟地区的自然资源，相互补充各国的经济，共同探讨各国商品贸易和其他世界经济问题，加强成员国的防御合作。

东盟国家中除老挝外，都是半岛或群岛国家，海洋资源和海洋经济对东盟国家有着极其重要的地位，维护海洋权益和保障海域安全也成为东盟国家的头等大事。被东盟国家包围其中的南海，有着极为丰富的海底石油和海洋资源，因而，东盟国家在强调区域合作的同时，也存在着岛屿归属与海域划分等纷争，特别是在南沙群岛的归属问题上，一些国家与中国存在着根本分歧和争端。

南沙群岛是由230多个岛、礁盘和沙洲组成的。位于南海南部。整个南沙海域有80万平方千米，约占中国南海海域面积的1/3。南沙群岛属于中国领土，这是不容争议的历史事实。

南沙群岛发生争端的起因源于20世纪60年代该地区发现有丰富的石油资源之后。

有四个东盟国家宣称对南沙群岛拥有主权，它们是越南、菲律宾、马来西亚和文莱。印尼虽然没有对南沙群岛的任何岛、礁提出主权要求，但声称中国所划的断续线侵入了印尼的大陆架。目前，除中国大陆控制着7个岛礁和我国台湾驻守的太平岛外，共有38个岛礁已被其他东盟国家侵占，其中，越南侵占了西部和西南部的27个岛礁，菲律宾侵占了东北部的8个岛礁，马来西亚侵占了3个岛礁，印尼和文莱分别侵入南沙海域5万平方千米和3千平方千米。在这种情况下，南沙已成了当今世界上争议最大的一个海域。

南海石油东盟觊觎已久

与此同时，侵入中国南沙群岛的国家都在加紧勘探、开发和利用南沙的自然资源，特别是加快开发海底石油资源。据统计，这些国家已在南沙海域打出100多口油气井，海上石油的开发已成为这些国家的资源战略行动和经济支柱产业。

为了争夺和维护海洋利益，保护各自的领土、岛屿、大陆架和专属经济区的安全，为了保卫海峡和海上交通线，在全世界都在裁军减员的和平与发展形势下，东盟国家却在扩军强武，大力发展海军，开始了海上新角逐……

1. 新加坡海军

新加坡于1965年8月9日独立，1975年才建立海军。20世纪80年代后，新加坡经济得到飞速发展，开始注意加强军队建设，此时发生的几次局部战争也引起了新加坡对海军的重视。20 世纪 90 年代后，新加坡海军得到较快发展，先后购买或自制了“鱼叉”、“西北风”导弹和导弹护卫舰、潜艇、大型登陆舰及海上巡逻机等装备，自制的“无恐”级巡逻艇性能先进，完全能与驱护舰相比。在此基础上又组建了潜艇部队、海军航空兵等。目前，新加坡海军总兵力已达 4500 人，拥有各型舰艇 50 余艘。该国现正在实施的国防 2000 军备计划，海军以拥有高、尖、新武器为目标，全面提高战斗力，力争成为一支联合高效、平衡统一和常备不懈的防御力量。近几年新加坡的国防经费不断增加，现已相当于印尼和马来西亚国防经费之和。

2. 泰国皇家海军

近几年，泰国海军不仅人数不断增加，而且现代化装备水平和作战能力也有了明显的提高。

泰国海军目前拥有航空母舰、护卫舰、导弹艇、巡逻艇、水雷战舰艇、两栖作战舰艇及后勤补给舰 130 多艘，另外还有内河舰艇 150 余艘。其中护卫舰是海军舰艇的主力，共 19 艘。20 世纪 90 年代购进的护卫舰，都装备有反舰和防空导弹、反潜武器及 1 架“海妖”直升机。

泰国“差克里·纳吕贝特”号

1998 年“差克里·纳吕贝特”号航母入役后，实力进一步增强。总兵力达 6.3 万人。位居东盟各国之首。

1997 年，西班牙为泰国建造的航空母舰“差克里·纳吕贝特”号编入泰国海军，使泰国最终圆了航母梦。

泰国是以全力发展经济为基本国策的东盟国家，为什么对价格高昂的航母却如此垂青呢？原来，1989 年一场强台风席卷泰国南部，虽然海军全力抢救，终因舰艇的吨位小，活动距离近，抗风能力差，力不从心，致使大量渔民和沿海灾民死亡或失踪，若当时有舰载机就能减少不少损失。另外，泰国近海是个海盗猖獗之地，为保护过往船只和海员的生命、财产免遭劫难，舰载机最能解决问题。因此，拥有能搭载几架直升机的大型舰成了泰国海军的当务之急。谁知这一意向一透露，立即就有几家公司向泰国推荐自己载有舰载机舰艇的方案和报价。其中西班牙巴赞造船公司的“轻型航母”方案最为诱人。一是造价低，只相当西方建造一艘护卫舰的价格；二是5年交货，这些条件泰国方面十分满意，最后花3.6亿美元成交。这样，“差克里·纳吕贝特”号航空母舰于1997年编入泰国海军，不仅为完成海军所担负的任务提供了条件，也圆了自己的航母梦，成为东南亚第一个拥有航母的国家。

3. 越南海军

越南海军建于1955年，直到20世纪70年代才大力发展，现在已成为拥有舰艇部队、海军陆战队、海军航空兵、海军岸防部队及专业勤务部队组成的多兵种部队，总兵力约4万人。

越南海军现有护卫舰、导弹艇、鱼雷艇、巡逻艇及扫雷舰艇、登陆舰艇300多艘，但除护卫舰外都是小型舰艇，而且多属于20世纪六七十年代的产品。越南海军也一直想拥有潜艇，估计不久可能实现。

4. 印度尼西亚海军

印度尼西亚1945年8月才获得独立，独立后奉行不结盟政策。军事上强调抗登陆作战，以岛屿为基地，御敌于国门之外，因此建军重点以陆军为主。直到1984年，海军兵力只占全军人数的约12%，只有2个海军基地和69艘美、英、苏、日及南斯拉夫淘汰的旧舰，这无论如何也是难以对“千岛”及漫长的海岸线进行防御的。1985年后，印尼逐渐意识到它在海上的战略地位及近海资源的意义，于是加速了海军的建设。至今已新建了9处基地，初步形成了环岛基地网，新购置了52艘基本都具有反潜、防空、反舰能力的舰艇。自1989以来，它陆续向国外13家船厂公开招标了建造23艘FG90型护卫舰的计划，并于1995年开始实施。目前印尼海军兵力已达5万多人。

印尼海军

第五章
海战逸事

人类进入 19 世纪后，随着第一次工业革命的到来，世界各国海军发生了前所未有的变化，蒸汽铁甲舰队的诞生宣告一个新时代的开始。在近代战争中，海战在战争中的作用越来越凸显，随着科技的进步，各国海军的发展突飞猛进，海战的胜败甚至影响到整个战场的全局。让我们回顾一下近代著名的海战吧！

一战中规模最大的海战——日德兰海战

从古至今，世界上发生的海战数以千万计，但在第一次世界大战期间发生的日德兰大海战特别著名，这是什么原因呢？

20世纪初叶，欧洲的军事强国，英、德两国在马汉“海权论”和日俄战争的影响下，竞相建造大、中型战舰，力图保持和夺取海上霸权的地位。当时，两国海军的实力分别居世界第一、第二位。大战的前一年，双方舰队几经交战，德军多有失利。1916年4月，新上任的德国公海舰队司令官舍尔上将精心制订了一个诱歼英舰主力的计划，5月中旬，德舰完成战役准备。然而，德军的作战计划和行动部署，被英情报部门从无线电中截获。英海军决定将计就计，集中本土主力舰队迎战德舰并企图聚而歼之。

日德兰海战图

5月31日凌晨，德侦察舰队司令希佩尔中将率前卫舰队从基尔起航，前往日德兰半岛西部海域以担负歼敌诱饵任务。14时28分，英两艘巡洋舰发现1艘德驱逐舰劫持商船，当即对其开火。4分钟后，德1艘轻巡洋舰前来支援彼此展开冲突,拉开了日德兰大海战的序幕。

14时35分，英舰发现东南方有大量烟云，显然，德舰正在靠近。莽撞的英海军中将贝蒂未曾会集前卫队，就率舰迎战。已有准备的德前卫队只作了象征性的还击就转舵回撤。15时48分，德舰完成战术展开，从南北两个方向突然开火，夹击英舰。初次交锋，英战列巡洋舰“不屈”号（2.1万吨）和“玛丽女王”号（26350吨）相继中弹沉没，旗舰“狮”号受创失速。但陆续驶抵战区的英舰不甘示弱，频频发起反击，击伤德舰多艘。16时40分，舍尔率领的德舰主力——战列舰群赶赴战区，加入战斗，贝蒂见德舰突然增多，急忙率队北撤。由于英舰航速快，才免遭更大的损失。

在两军前卫队交战之际，杰利科率领的英主力舰队尚距战区200余海里。他两度变换队形，加速向战区驶近。当漫长的攻击队形——单纵队还没有组成时，前导舰已经交火。18时20分，双方主力舰队摆好了阵势并开始对射。一时间炮声隆隆，硝烟滚滚，数百艘战舰犹如野马脱缰、横冲直撞；千万发炮弹恰似流星赶月，交织辉映！白热化的战斗搅得日德兰滨海天昏地暗，恶浪翻腾。历史上最大规模的坚甲巨炮战斗正在激烈地进行。鏖战中，英"狮"号和"防御"号被击沉，"勇士"号受重创；德前卫舰队旗舰"冯德·塔恩"号和"吕佐夫"号失去战斗力。面对优势的对手，舍尔才认识到诱歼英舰的计划破产，再战损失更大。18时36分，下令舰队向西南齐转，撤出战斗。这时，胆小的杰利科因担心德潜艇和水雷，未予追赶，从而失去了歼敌的大好时机。此后，双方主力舰队部分舰只又发生了第二次冲突和夜战。

日德兰海战的主力——铁甲战列舰

此次战斗，历经前卫战斗、主力战斗、夜间战斗三个阶段，最后以两败俱伤而告结束。英军参战的150艘战舰中，拥有305～381毫米巨炮344门，发射炮弹4598发，命中100发，命中率为2.2%；发射鱼雷74条，命中5条，命中率为6.8%。德军参战的99艘战舰中拥有280～305毫米巨炮244门，发射炮弹3597发，命中120发，命中率为3.3%，发射鱼雷109条，命中3条，命中率为2.7%。战斗中，英军损失战列舰1艘、战列巡洋舰3艘、装甲巡洋舰3艘、轻巡洋舰2艘和驱逐舰6艘，伤亡官兵6784名；德军损失战列舰1艘、战列巡洋舰2艘、轻巡洋舰3艘、驱逐舰5艘，伤亡官员3058人。由于双方都没有很好组织战场侦察，每次都是以遭遇战形式对阵，因而，双方都没有达到歼灭对方的目的。这一事实，无形降低了大舰巨炮的地位和作用。正因为如此，历史学家对这次大海战极感兴趣，纷纷著书评论，抨击马汉的“海权论”。战争实践证明，企图依靠大舰、巨炮、坚甲夺取海战胜利已不可能，企图单独凭借海军优势夺取战争胜利也不可能。

太平洋战争中日军大量使用自杀飞机

在太平洋战争的战局逆转后，日军为挽救节节溃退的局面，抗衡美军海空优势，于1944年10月19日从第一航空队201飞行队中抽出一些宗教狂热性强、学业成绩差的航校青年学生正式组编成“海空神风队”（亦称“特攻队”），经一周“特攻训练”后，这些亡命之徒即可驾驶陈旧的零式飞机（各载250千克炸弹）执行“自杀轰炸”任务。当局提出：要以“一架飞机换一艘军舰”。日军认为：这样可以缩短训练周期，节省燃料消耗，发挥陈旧飞机的效益，提高攻击效果，实在是“人尽其才，物尽其用”。

1944年10月21日，激烈的海空战斗正在菲律宾附近海域进行。6架“神风”飞机第一次出击，径直撞向“澳大利亚”号航空母舰，使该舰遭到重创。25日下午，2架“特攻队”零式战斗机在莱特湾海面分别撞向美护航航空母舰“桑提”号和“圣洛”号，致使“桑提”号甲板大火蔓延，而“圣洛”号甲板被撞穿，引起弹药库爆炸，不久沉没。这是自杀飞机单独击沉的第一艘军舰。此后，这种手段演变成日军拿手的空袭战术。

4月1日，美军发起了登陆冲绳的战役。驻岛的日军“神风队”飞机1465架分批对美舰进行了大规模的攻击。仅4月6～7号两天，就出动了355架自杀飞机，击沉击伤美军舰船数十艘。从4月8日起，驻九州的部分自杀飞机也在战斗机的掩护下持续地向美舰发起攻击。一天，美军第58特混舰队司令米彻尔的旗舰“邦克山”号突遭两架自杀飞机的攻击，死伤官兵396人，战舰破损严重，米彻尔被迫将旗舰转移到“企业”号航母上。不久，“企业”号又遭到自杀飞机的撞击。米彻尔再次转到“伦道夫”号航空母舰上。这期间英国的航空母舰及美英两国的战列舰、巡洋舰、驱逐舰等100余艘舰船遭到日本自杀飞机

“神风”飞机模型

的撞击，不少舰船被撞击，只是由于飞行甲板坚固和自杀飞机的冲撞力小，多数航母才免于沉没。随着战争的发展，证实此举无法挽回日军的败局，加之人员和燃料的不足，至6月底，这种自杀攻击基本结束。

战争期间，“神风”飞机共出动5000余架次，其有效率不足20%。至战争结束时，日军还拥有各型自杀飞机1.05万架，其中有5400架做好了出动准备，欲与美军作“本土决战”。

日本统治阶层依靠奴化教育的方法，竭力向日本军人灌输“一机换一舰，名传千秋”的亡命理论，并利用这种特有的武士道精神，有组织、大规模地施行自杀空袭战术，在海战史上是史无例证的。实践证明，这种自杀战术的运用以彻底失败而告终。

你知道吗

谁是侵华战争中最先被击毙的日本海军将领

1937年8月16日，加藤任“朝光丸”号军舰监督官兼第一港务部部长，率舰队入侵中国东海。他曾协助日军攻陷中国军队的长江防线，取得长江战区的主动权。

1938年7月，加藤率舰在长江中巡江时，陷进了中国军队的伏击圈，加藤在此役中被击毙，成为侵华战争中最先毙命的日本将领。

二战中的奇迹——敦刻尔克大撤退

敦刻尔克大撤退是第二次世界大战早期，英法联军防线在德国机械化部队快速攻势下崩溃之后在位于法国东北部的港口城市敦刻尔克进行的历史上最大规模的军事撤退行动。第二次世界大战爆发后，德军攻破马其诺防线侵入法国，40万英法联军被迫开始全部集中向敦刻尔克撤退，西面的英吉利海峡成为联军绝处逢生的唯一希望。撤退从1940年5月26日开始进行，至6月4日结束，共历时9天。此次撤军共有338226人从敦刻尔克撤到英国，其中英军约21.5万人，法军约9万人，比利时军约3.3万人。英国、法国、比利时和荷兰同时动用各种舰船861艘，其中包括渔船、客轮、游艇和救生艇等小型船只。短短10天时间，这支前所未有的“敦刻尔克舰队”把34万大军从死亡陷阱中拯救出来，为盟军日后的反攻保存了大量的有生力量，创造了第二次世界大战史上的一个奇迹。

广阔大洋上的拉锯战——大西洋之战

第二次世界大战期间，德国与英国、美国两国为争夺大西洋制海权而进行了历时5年零8个月的海上交通线作战，称为大西洋之战。大西洋交通线是英国赖以输入战略物资的生命线，法西斯德国为迫使英国屈服，决定使用大部分海军兵力破坏英国大西洋交通线，由此引发了这场战争。1939年9月3日，英国对德正式宣战。当天德国海军元帅邓尼兹派出的“U-30”号潜艇便初战告捷，击沉英邮轮“雅典娜”号，由此大西洋海战拉开序幕。在大西洋之战中，美英参战战斗舰艇约3000艘，飞机800多架，损失商船1840万吨，其中被潜艇击沉的约1400万吨，占损失总吨位的76%；德国共投入潜艇约1160艘，被击沉约780艘，占投入潜艇总数的67.2%。此战充分显示了海上破交战和保交战在现代战争中的重要的战略地位和作用。丘吉尔在《第二次世界大战》写道：“大西洋战役自始至终一直是整个第二次世界大战战争的主导因素。我们一刻都不能忘记，不论在陆地、在海洋、在天空或其他任何地方发生的一切都最终与大西洋战役的结果息息相关。那个可怕的、从不间断的苦难的历程——我们经常处于极度的困境和挫折中，而且总是面临着无形的危险，最终偶然和戏剧般地走上了光明的大道。”

守卫南沙海疆之战——赤瓜礁海战

1988年，中国人民解放军海军南海舰队所属舰艇部队对侵入中国南沙群岛海域寻衅的越南舰船及其强占赤瓜礁的武装人员进行反击作战，称为赤瓜礁海战。

大西洋上的战舰

南沙群岛历来是中国领土，越南政府不顾中华人民共和国政府多次声明和严正警告，先后强占其中多处岛礁，并经常派遣舰船侵入南沙群岛海域。

1988年3月14日，越南海军登陆舰“505”号和运输船“604”号、“605”号，侵入中国南沙群岛之赤瓜礁、鬼喊礁和琼礁海域寻衅，输送40余名武装人员强行登上赤瓜礁，登礁越军不但不听从礁上中国考察人员的劝阻，竟开枪打伤考察人员。同时，越南“604”号船船员用机枪向在该海域执行巡逻警戒任务的中国人民解放军海军舰艇和礁上的考察人员射击。中国海军舰艇和考察人员被迫进行自卫还击，经过1个多小时激战，击沉越军运输船2艘，重创其登陆舰1艘，俘虏9人，维护了中国南领土主权完整和国家海洋权益。

抗日战争时期国民党海军自毁干戈

1937年“七·七”事变后，日本帝国主义全面发动了侵华战争。在大敌当前、民族危亡之秋，一向与人民为敌的南京国民党政府仍然顽固地推行“攘外必先安内”的方针，置民族大义于不顾，对日实行陆海全面避战。

7月29日，得寸进尺的日本驻华武官本田忠雄蛮横地要挟国民党海军要员：不得干涉日军的行动，要“严守中立”、“不扩大事态”……当时，国民党海军已具规模，编有4个战斗舰队和巡防、练习、勤务等舰队，拥有战斗舰艇120余艘，辅助舰船近百艘，总吨位10余万吨。

畏敌如虎的海军当局，在敌人的淫威下屈服了。他们命令驻泊旅大的第3舰队退避青岛，游弋南海的第4舰队返抵虎门，留守舟山、上海的海军主力——第1、第2舰队及各型辅助舰船移位南京。至此，万里海疆已无舰艇巡航，前沿港口已无战舰驻守。日本海军兵不血刃就夺得了中国的制海权。

制海权丧失后，海军当局还异想天开地企图依靠一条长江来保全危在旦夕的南京。他们想步日本海军当年旅顺口“沉船堵港”后尘，把战舰当铁石，在江阴航道上施行

江阴炮台遗址

“沉船锁江”。

江阴，位于长江下游、南京以东150千米处。这里江窄流急，陡峭的江岸置有陆炮60余尊，驻有海陆军数万，有“长江咽喉”之称。如果凭险据守，水陆配合，日海军内犯将是困难的。但悖逆民意的国民党海军却演出了最愚蠢的、自欺欺人的“沉船锁江”、“曲线退兵”等鬼把戏。

你知道吗

抗日战争中为国捐躯的最高级海军军官是谁

1938年的武昌会战中，“中山”舰舰长萨师俊指挥已舰与兄弟舰艇一起在湖南城陵矶至武汉间执行长江航道空防、巡逻任务。10月24日下午3时，6架日本飞机对“中山”舰轮番攻击，舰体连中两弹，萨师俊双腿被炸断仍坚持指挥，最后与全体官兵阵亡。

“战斧”飞向波斯湾——海湾战争

长期以来，中东地区由于其特殊的战略地位和丰富的石油资源，成为大国利益长期争夺的场所。1990年8月2日，对科威特蓄谋已久的伊拉克，突然出兵占领科威特全境，并宣布科为其第19个省。1991年1月17日，英、法等38个国家组成的多国部队航空兵和海军舰艇发起“沙漠风暴”行动，对伊实施空袭和导弹攻击，海湾战争就此爆发。战争共分两个阶段：空中战役阶段（1991年1月17日～2月23日），多国部队共出动飞机近10万架次，投弹9万吨，发射228枚“战斧”式巡航导弹和35枚空射巡航导弹，使用一系列最新式飞机和各种精确制导武器，对选定目标实施多方向、多波次、高强度的持续空袭，摧毁了伊拉克的主要军工厂、军事设施和军事力量，使伊军指挥系统瘫痪，为后续地面进攻创造条件。地面战役阶段（1991年2月2～8日），多国部队成功地实施了战役欺骗，于2月24日发起地面进攻。伊军遭受38天空袭后，损失惨重，防御体系迅速瓦解。2月26日，萨达姆宣布接受停战，伊军迅速崩溃。28日晨8时，多国部队宣布停止地面进攻，海湾战争至此结束。

海湾战争是一场现代高技术局部战争，战争表明：掌握电磁空间的控制权，对取得战争胜利具有重大意义；战略空袭已成为战争的独立阶段，对战争进程影响很大；在地面战斗中，实施战役欺骗、加强陆海空协同、实施大纵深迂回包围、重点打击对方重兵集团，对迅速达成战役目的起了重要作用。

南联盟上空的灾难——科索沃战争

科索沃位于南斯拉夫联盟塞尔维亚共和国西南部，与阿尔巴尼亚、马其顿相邻，其中90%以上是阿尔巴尼亚族。1980年铁托逝世后，阿族与塞族的矛盾日益尖锐，冲突频频发生。1999年2月6日，在美国和北约的压力下，塞尔维亚和科索沃阿族代表在巴黎附近的朗布依埃举行和平谈判，结果双方未能达成一致，阿族坚持要走向独立，并且不愿解除武装，南斯拉夫联盟不同意科索沃获得自治共和国的地位，反对北约部队进驻科索沃。由此，北约于3月24日发动了对南联盟的空中打击，科索沃战争爆发。

科索沃战争以大规模空袭为作战方式，以美国为首的北约凭借占绝对优势的空中力量和高技术武器，对南斯拉夫联盟的军事目标和基础设施进行了连续78天的轰炸，给南斯拉夫联盟造成了重大财产损失和环境破坏，也造成了许多无辜平民的伤亡。科索沃战争是发生在20世纪末的一场重要的高技术局部战争，是美国为了独霸全球、利用北约这个地区组织对南斯拉夫联盟进行的一场非正义、反人道的战争。通过这场战争，美国及其西方盟国利用北约组织在推进欧洲地区的整合、实现其主导世界新格局的战略目标方面又迈进了一步。

海湾战争中航母作用凸显

中国海军舰队远征索马里海域

21世纪初，原来的索马里政权被推翻，组建的过渡政府不能有效控制全国局势，出现了几十支武装力量。一些海盗组织得到了与临时政府有密切关系军阀的支持，使得他们能在索马里2880千米的海岸线上横行。过去五六年间，索马里海盗的总人数一直在100人以下；目前，这一数字已上升到1100～1200人，装备也得到了更新，从绳索、大刀和长矛等传统手段升级到快艇、重型武器（AK-47突击步枪和火箭筒），并且拥有现代化的全球定位系统、卫星通信等高科技装备，使攻击范围从索马里沿岸扩展到数百千米之外的公海。

海军护航索马里

2008年以来，索马里沿海累计发生80多起海盗袭击事件，平均每4天就有一艘船遭劫，海盗极其猖獗。劫案大多发生在亚丁湾，那里是从印度洋通过红海和苏伊士运河进入地中海及大西洋的海上咽喉。

2008年12月26日，中国人民解放军海军派出舰艇编队，从海南三亚起航，赴亚丁湾、索马里海域执行护航任务。首支护航编队由“武汉”号和“海口”号导弹驱逐舰、“微山湖”号综合补给舰、两架舰载直升机和部分特战队员组成，共800余名官兵。他们的任务是保护中国航经亚丁湾、索马里海域船舶和人员安全，保护世界粮食计划署等国际组织运送人道主义物资船舶的安全。这是我国首次使用军事力量赴海外维护国家战略利益，是我军首次组织海上作战力量赴海外履行国际人道主义义务，也是我海军首次在远海保护重要运输线安全。

第六章
海军趣闻

海军的产生和发展源远流长。它以战船或舰艇为主线，从原始简单的古代战船，发展到多系统的现代舰艇，从个别分散的技术推演出密集综合的技术，经历了数千年的漫长过程。在此过程中产生了许多趣闻和趣事。下面就让我们通过一些趣闻来回味海军的无穷魅力吧！

木质帆船的终结

19世纪中叶，一些工业发达的国家开始建造蒸汽轮舰船。然而，各国海军的大部分舰船仍为木质帆力船，只是有的在大舰上装上了铁板护甲罢了。1853年，南欧爆发了克里米亚战争，因利害关系所在，英、法、埃等国联合土耳其向俄国开战，进攻高加索。这年11月中旬，联军海军主力从黑海撤回到博斯普鲁斯海峡，留下土耳其海军元帅奥斯曼率领的混合舰队（10艘巡航舰、4艘运输船和2艘武装蒸汽轮船）装载粮食、弹药，因途中遇俄舰拦阻，土舰队只得在北部港口锡诺普湾暂避，等待联军接应。

11月30日早上，大雾笼罩锡诺普湾，为防敌军偷袭，奥斯曼令各舰尽可能靠近海岸锚泊，以得到海岸炮的掩护。时近中午，轻风吹散了浓雾，只见悬着英国旗帜的6艘战列舰和2艘巡洋舰张着满帆驶近港口，呈“八”字形抛锚于土舰外侧。12时30分，来舰黑森森的炮口同时转向土舰，舰桅上的蓝“米”字旗也换成了白“十”字俄国旗。土军这才恍然大悟，匆忙备战。

土耳其的16艘军舰共有510门小口径臼炮，炮手还未上炮位，就遭到了拥有720门大、中口径轰击炮的俄国舰队的突袭。俄舰凭其舰体三层护甲和火力优势，借助顺风、背光的有利阵位向土舰发起了猛烈的攻击。几分钟后，木质结构的土舰大都起火，两艘弹药船中弹爆炸，霎时火光冲天，碎木横飞，尸漂海面。奥斯曼见大势已去，下令断锚突围。不久，舰沉人伤，被俄军俘虏。一时尚未被击中的土舰官兵操纵着火炮，拼死反击，但很快被优势的俄舰炮火所摧毁。

这场一边倒的战斗持续了4个半小时，土耳其损失舰船15艘，伤亡官兵3000余人，奥斯曼以下200人被俘。而俄军在这场战斗中仅亡37人，伤235人，只有几艘舰只受轻伤。战后，有人形容此役是挥舞大刀的蛮汉与手持竹棒的小孩决斗，胜败决然。这场战斗，与其说是一场激烈的大海战，不如说是一次残酷的大屠杀。

锡诺普海战以事实说明了木质

帆船已不再适宜大规模海战。它作为帆船时代的最后一场海战而载入史册。此后，以蒸汽轮机为动力的各型铁甲战舰相继问世，海战出现了新的格局。

铁甲舰之间的交战

1805年，法国人格里弗最早提出用铁板代替木板建造军舰时，被认为是不可能的。理由是钢铁没有浮力！事隔48年之后，南欧爆发了克里米亚战争，锡诺普之役宣告了木质帆船已不适应海战。深刻的教训促使法皇路·易拿破仑下令建造浮动的装甲炮台——铁甲舰船，以抵御枪炮弹的伤损。第二年，法国在新建的两艘木质军舰水线以上的壳板外，全部覆盖了100毫米厚的铁板，这两艘军舰在1855年与俄国舰队交战中，虽然舰舷被137发24磅重的炮弹击中，却未造成重大损失，最后将俄舰击退。

1859年10月，法国正式建造的第一艘装甲蒸汽轮机军舰“光荣”号下水（主要部位铁甲厚120毫米，航速13节，排水量5617吨）；1860年12月，英国装甲舰“战斗”号下水（铁甲厚114毫米，航速14节，排水量9.210吨）。

1861年4月，美国爆发了南北战争，双方竞相建造铁甲舰试图夺取海战的胜利。北军在林肯总统的授意下，不到百日就赶造了8艘蒸汽铁甲炮舰。其中“蒙尼陀”号舰体低平，包有5～8层25毫米厚的铁板，其排水量为1000吨，航速6节，装有280毫米炮2门；几乎同时，南军也建造了一批铁甲舰，其中，“梅里马克”号装甲舰几乎没有上层建筑，厚厚的铁板把木质船体包得严严实实。该舰排水量3500吨，航速5节，装有229毫米炮4门，178毫米、152毫米炮各2门。

1862年3月8日，北军在汉普顿（美国东海岸诺福克附近）集中了35艘大型军舰，数艘炮舰和汽船，准备向南军发起登陆作战。已有准备的南军先行出动“梅里马克”号和5艘炮舰，以突然的动作袭击北军泊地，击伤和撞击北军护航舰各1艘。尽管北军的舰炮和海岸炮进行了猛烈的反击，但落在“梅里马克”号上的一发发炮弹都被弹了开来，军舰完好无损。3月9日，北军“蒙尼陀”号等3艘炮舰参战，坚实的“蒙尼陀”号与“梅里马克”号持续战斗了6个小时，虽然两舰炮战多为直射，但由于炮弹杀伤威力小，均未给对方造成重大损伤。战至黄昏，双方只得罢战撤离。

战列舰对战

汉普顿海战是铁甲舰与铁甲舰最早的海战，它显示了铁甲舰体的良好防弹力，从而结束了木质军舰的漫长时代，开创了装甲舰海战的先例。而后，随着铁甲舰的普及，铁甲的厚度不断增加，由此又导致了各国寻求能穿甲的新型火炮和新型炮弹。战争的攻与防不断推动着海战武器装备的更新和发展。

军舰怕进水更怕失火

军舰活动在海上，既怕水也怕火。三国时的赤壁之战，东吴就是以火攻取胜。现代的军舰，对水、火也视之如虎，把防沉和防火放在了首要地位。近几十年来的舰艇事故有许多火灾有关，尤其是苏联的核潜艇，曾多次发生火灾，有几次造成艇沉人亡。平时是这样，战时更几乎全是“火灾”。这是因为舰艇装载了大量的弹药、燃料，舱内还有大量的易燃物品，一旦中弹必将引起大火或弹药爆炸。马岛战争中，英舰“考文垂”号护卫舰被“飞鱼”导弹击中，按理水面以上部分被炸是不会“丧生”的，但导弹剩余的燃料一直在燃烧，在舰上引起大火，致使该舰最后沉没。因此，火是舰艇的大忌，军舰的许多地方不准有明火（电焊、划火柴之类），并配有许多灭火器材，如各种灭火器、海水灭火系统、灭火工具，自动报警系统、自动灭火装置等。舰上的每个人都要学习防火灭火规定和知识，操练灭火方法，学会使用灭火工具，并组织有专门消防队，称损害管制区队。

磁性引信的失误

在第二次世界大战前，美国发明了一种磁性引信的鱼雷。这种鱼雷就是在它的头部装有磁力线圈，当接近敌舰时，由于舰体磁场的感应，使线圈工作引爆鱼雷。这种引信比触发引信有独到之处，即使鱼雷稍有误差不能命中，只要在目标附近通过也会引爆，击毁敌舰。但在使用的过程中，曾有潜艇报告这种磁性引信鱼雷工作不正常，不是提前就是推后爆炸。

1943 年 7 月，美国海军“黑鲹”号潜艇在潜望镜中发现一艘船，立即向其接近，不久看清这是一艘大型油船，潜艇艇长大喜过望，因为猎获到一个大家伙。这艘油船是日本开战后用一艘捕鲸船改装的，排水量达 19260 吨，现正在运油途中。油船在航行中突然听到船体有撞击声，接着就发生了两声爆炸，动力系统被炸坏了。不能动的船成了鱼雷的靶标，船长以为必死无疑了，谁知不久只听到船舷有撞击声但无爆炸响，船长在纳闷，潜艇艇长也不明白，前 4 条鱼雷爆炸了 2 条，为什么后发射的 9 条一条不中呢？他哪里知道，这 9 条鱼雷全部命中，只是没爆炸而已，都是引信出了毛病。算油船“命大”，暂时躲过了这一劫。

磁性引信在当时算是高科技了，但各国的产品都不过关，德国曾因此出现过鱼雷饥荒，数月后才逐渐解决。

风对水雷的影响

1942 年 5 月 3 日，一艘从牙买加出航装满香蕉的运输船，在海上被不明物体炸沉。7 月 7 日，又有一艘货船在香蕉船附近被炸沉。究其原因，是它们触上了水雷。这一海区不属战略航线，也没有人在此布雷，那么水雷是哪里来的呢？原来，1942 年 4 月，美国为保卫其墨西哥湾锚地，防止德国潜艇的袭击，在基韦斯特布下了一个有 3400 多

漂浮的水雷

枚水雷的雷阵。没想到这一带风很大，大风掀起的涌浪把固定水雷的锚索冲断，水雷就在水中随流漂去。有一些漂到牙买加附近，就出现了上述几艘船被炸事件。还有一部分冲到了英属洪都拉斯，也造成了一些船只被炸事件。因当时是战争年代，无法去论理，更无法索赔，当时船东也就只好认“命”。但通过这一事件，人们弄清了风对布雷和布设的水雷的影响严重，在某些风大的海域布雷就要考虑加固锚索，最好是不在风浪大的海域布雷。事情总是有两个方面，这一知识也给对方军舰提供了可乘之机，为免遭水雷攻击，尽量选择风浪大、敌不便布雷的海域航行，也是一条防水雷措施。

采用迷彩伪装的快艇

军舰“涂脂抹粉”探究

军舰外部涂漆除了防锈外，用的颜色也是为了隐身，至于涂什么色，要根据海区、岛岸背景及气候等外界因素而定。1945 年，美国从关岛派往日本海执行任务的潜艇就特地将外舷的浅灰改为深灰，这是探明了这一海区的最佳隐蔽色才改换的。

20 世纪初，舰艇的观察以目力为主，英国一位在海军服役的美术家提出对军舰实施迷彩伪装，当这艘涂了白、黑、蓝三色的军舰在沿岸出没时，警卫队竟没有发现它，这是首次出现的迷彩伪装。这种迷彩伪装 1917 年 10 月传到了美国，也被美海军采用。

1939 年，英国一位叫丘里的迷彩设计家又提出了防空迷彩，并建议用无光泽油漆，以免因光线反射被发现，收到了良好的效果。此外，英国海军元帅蒙巴顿设计过粉红色迷彩，1991 年一批英国画家为舰桥和炮塔设计过上浓下淡的迷彩，均达到满意的效果。

现在已不是目视时代，军舰的“迷彩”也升级了，涂上了有吸收雷达波功能的涂料和防护层。

黄金作压舱铁事件

压舱铁，是放在舰船底部为保持舰船的稳性而放置的压重物，形如两块砖大小的铸铁，数量是根据舰艇稳性要求，通过均衡计算得出的，且要放在规定的位置上。既要前后、左右平衡，重心尽量向下，又要使舰船有足够的供人员活动或运输装载的空间。

“二战”期间，美太平洋舰队的“鳟鱼”号潜艇，奉命为前沿几个岛屿运送弹药和补给品。为了尽量多的装些物品，潜艇卸下了部分压舱铁，装满物资后就悄悄出航了。潜艇途经中途岛又补充了一次燃油，就昼夜兼程赶路，路上也没有遇到敌情，顺利地到达科拉多吉尔岛。卸下货物后，麻烦就来了：在全岛找不到合适的东西来替代压舱铁。没有压舱铁是不能出航的，因为重心上升使稳定中心高变小，甚至变成负值，不要说出航，在码头上也可能翻掉。正在一筹莫展时，有人提出可否用黄金作压舱铁，艇长说可以是可以，但哪有那么多贵重的金属？别说，还真有。原来，战争开始后，美军把马尼拉银行仓库的金条、银币抢运到岛上，现在感到在此存放也不保险，不如趁此机会把它们充作压重物运回美国。于是，2000 千克金条，1.8 万千克银币装上潜艇作了压舱铁，使潜艇顺利出航。

军舰上严禁饮酒

所有军舰上都规定不准喝酒，即使在重大节日，值班的舰员也不准喝酒，不值班的也只能适量饮点果酒、啤酒之类的低度酒。这是根据历年来发生事故总结出来的：喝酒要误事，喝酒可能发生事故。但在来访的马来西亚军舰上，我们却看到了不准喝酒而天天喝酒的事。

1993 年 8 月，2 艘马来西亚皇家海军的舰艇来我国访问。每天晚餐后，除值班人员外，几乎所有的舰员全部外出，逛夜市、唱卡拉 OK，更多的是去喝啤酒。原来，马来西亚海军有个规定，只要没有紧急、特殊任务，晚上时间归个人支配，可自由上岸，怎么去玩、玩什么、玩多长时间都不管，只要第二天早晨能起床就行。在马来西亚舰艇上是绝对禁止饮酒的，但不禁止你到岸上去饮，所以马来西亚的水兵在舰上不饮酒，天天可以到陆地上饮酒。

女兵在军舰上的工作

女军人上舰工作，看来是争得了妇女的权利，但女军人在舰上的工作也不轻松。她们要和男兵一样站岗放哨，还要干污染严重的诸如刷油漆的活。她们在舰上要穿粗布军服、扎绑腿、系武装带、剪短发。尽管在专门为她们改装的居住舱内全是女兵，但不到熄灯是不准脱军装的。她们不准染指甲、涂口红，不准在舰上会男友，即使男友在同一舰上工作，见面时也不准拥抱、亲吻和谈情说爱，连拉手也不准，每天也只是吃饭时能在饭厅里见个面而已。谁违犯这些规定就要受到惩罚。

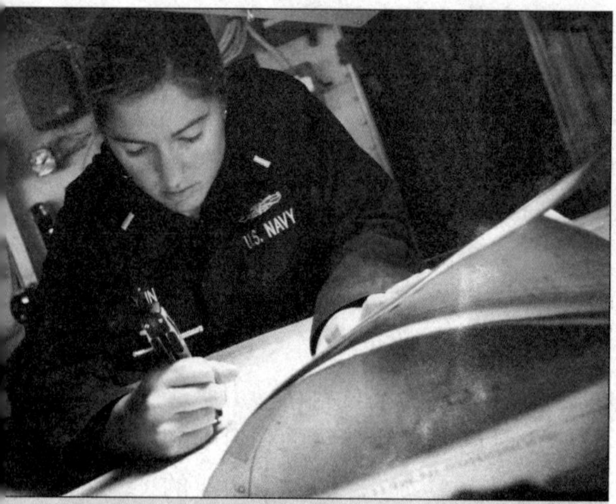

军舰上的女兵

女兵上舰前，一般要到训练中心进行8周的训练，除队列训练和站岗放哨外，还要学习与舰上有关的救火、救护及防原子化学等内容。考试合格后，要先到非战斗舰上工作，然后选择到航母上工作。如果女兵在航母上担任了飞行员，那就更辛苦，因为她们一般都要在加油机、电子战飞机上工作，出航条件复杂。但无论如何，女兵还是上舰了，而且多数干得不错，已多方面显示出她们的才能。

美国海军的禁烟条例

1992年初，美军进行了一场轰轰烈烈的禁烟大战，海军冲在这场“战争”的最前沿。海军作战部首先发布了新的禁烟令，把吸烟定为不良嗜好，并进一步扩大禁烟场所，禁烟条例内容有：①在新兵训练中心和预备军官学校，禁止教官、工作人员和来访者在有新兵和学员在场的情况下吸烟；②禁止在不足6小时的飞行期间吸烟；③禁止在任何海军舰艇上吸烟；④禁止在海军医疗系统出售香烟。为了帮助吸烟者戒烟，海军在各医院和诊所开设戒烟班，为吸烟者提供咨询服务和医疗帮助。但这一活动收效甚微。原因之一是烟民不配合，他们认为吸不吸烟是个人的事，别人无权干涉。另外，这场“禁烟战斗”并未使吸烟者陷入四面楚歌的境地，海军消费合作社和舰艇商店不仅香烟照卖，而且比市场的价钱低得多。军人烟照吸，商店钱照赚，海军在

2000年成为“无烟军”的目标是无法实现了。

美国“国舰”的沉没

美国的“国舰”是“印第安纳波利斯”号重巡洋舰。1932年11月下水时，该舰的吨位、火力都比其他舰大，被美军称为“海军的骄傲”。罗斯福总统也很欣赏它，1934年曾乘坐它出访过南美国家，将其誉为“国舰”。

1945年，“印第安纳波利斯”号装着两个写有“无线电零部件”的大箱子运往提尼安岛，实际上这是两颗原子弹。10天后，由提尼安空军基地起飞的轰炸机将它们扔到了日本的广岛和长崎。

“印第安纳波利斯”号运送原子弹后，又接到命令去莱特岛，与战列舰“爱荷达”号会合后进行射击训练，并被告知沿途水域没有

“印第安纳波利斯”号重巡洋舰

敌潜艇活动。该舰开始还走“之”字形航线，进行防潜曲折航行，但不久即放松了警惕。天黑后，舰上指挥官麦克威上校命令停止防潜曲折航行，而此时正好有一艘日本的“伊-58”号潜艇相向而来，它发现“印第安纳波利斯”号后立即进行攻击机动，占领射击阵位后齐射了6条鱼雷，有一条命中弹药库导致弹药爆炸，使它在12小时后沉没。

紧急关头，巧渡黄金

1940年4月上旬，希特勒德国侵占丹麦、挪威，并完成了进攻西欧的军事准备。这时，法财政部预感到形势不妙，为保全国家2000余吨黄金，即令法兰西银行制订一个代号叫“鱼”的黄金转渡计划。5月10日，荷兰、比利时战败，法国边陲告急，“鱼”的计划开始付诸实施。第一步，租用了数百辆汽车将储存巴黎银行地下室的2226吨黄金秘密地转移到西南港口；第二步，指派大型军舰外运他国。

过了几日，法国著名的“马其诺防线”被突破，德军向西迅速推进，侵略者对这些巨额黄金虎视眈眈。在人心浮动、特务跟踪的情况下，这批黄金却巧妙地运抵布勒斯特和

土伦等港。

5月17日，第一批194吨黄金在土伦港装上了航空母舰“贝阿恩”号。21日，第二批200吨黄金在布勒斯特港交付巡洋舰“圣女贞德”号和“埃米尔·贝尔登”号承运。两批舰只于25日在加那利群岛汇合，编队西航。途中，侦知德潜艇跟踪，3舰加速航行，不时作防潜“之”字运动。6月1日，驶近北美洲，在加拿大飞机的掩护下，进哈利克斯港卸载，黄金交加拿大和美国银行托收。

5月27日，辅助巡洋舰“帕斯特尔”号在布勒斯特港装载212吨金币，驶向加拿大，“维尔·德奥兰”在波尔多港装载213吨金锭驶向摩洛哥。航渡中，两舰装扮成运送土豆和杂货的船只，选择偏远航道航行，因此没有遇到麻烦。

6月初，德军推进到敦刻尔克和巴黎远郊，法国的沦亡已为期不远了。在大敌入侵、政局飘摇之际，财政部加快了“鱼”计划的实施。

6月12日，奉命急返布勒斯特的“埃米尔·贝尔登”号匆忙地装载好254吨黄金再渡大西洋。6月17日，法贝当政府向德军投降。忠于职守的金融界人士和“维尔·德奥兰”号等5艘军舰的官兵仍于次日在布勒斯特港将尚剩的1153吨黄金全部装载上舰。两小时后，从陆路奔袭而来的德军不见了黄金的踪影，只得恼怒地向大海开炮射击……出港的法舰半途几经周折，终于将大宗黄金转藏于塞内加尔深山丛林中。

至此，法海军完成了全部黄金的安全转渡，而枉费心机的德军却徒劳一场，一无所获。

1945年5月，德军战败，法国从侵略者的桎梏下解放出来。不久，曾在大战中辗转于美洲、非洲的2000吨黄金，几乎完好无缺地再渡重洋，回到了法国金库。这确实是历史上又一件罕闻的奇迹。

因台风阻止的进攻

1944年12月16日晚，拥有20多艘航母、8艘战列舰、数十艘驱护卫舰的美国哈尔西舰队，分成3个特混大队驶向中国南海，目标是进攻吕宋群岛的日军。17日黎明，海风越来越大，到18日中午，风速已达12级，原来他们钻到台风中心来了。数层楼高的巨浪和像撒石子一样的暴雨使官兵们惊恐万状，巨大的军舰任狂风推搡，不仅编队溃不成形，轻型航母甲板上的飞机也一架架被掀到海里去了。有几个水兵想去固定被风吹断的固定飞机的绳索，一上甲板就像树叶一样被风卷走了。直到18日下午，风才开始减弱，哈尔西赶紧收拢编队，一清点，少了3艘驱逐舰，远近没有踪影，无线电也叫不出来，最后证实是沉没了。航空母舰也报来了令人懊丧的消息，各航母共损失了146架飞机。这场台风使哈尔西舰队元气大伤，仅官兵死亡或称去向不明的，就有790名之多，无法进行作战了，只好取消了这次进攻吕宋岛的计划。

航空母舰上的士兵生活

舰员在航母上，尽管生活在面积和空间非常庞大的舰体里，但长时间（一般是半年）在拥挤的人群、刺耳的噪声、繁忙的值勤与单调的工作这样的环境里，使人烦闷、犹疑。在动力舱，有8台双鼓式D型锅炉，当要加速时这里就一片忙碌，一个士兵在室温高达50℃的舱内一次要值4小时的班，每昼夜8小时，有时可能还要多。住舱内每人只有2米长、0.66米宽、0.61米高的一个铺位，士兵们拉上布帘，暂时在这个小天地里消除一下值更的疲劳，但一听到战斗警报又必须迅速跑到自己的岗位上，谁也没有例外。舰上为帮助水兵消除疲劳，也采取了许多措施，但效果有限。尽管起床后可以洗个淋浴，但人满为患。舰上有6个厨房，昼夜提供食物，但就餐时可能要排30分钟的队。只有军官可以例外，他们在两个军官食堂就餐，有侍者为他们端菜送水。繁忙的士兵工作是三班轮值，有时一周见不到阳光，甚至连日子也记不得了，只有吃到比萨饼时才想起今天是星期五了。当然舰上有图书室、电影、电视室可以去消遣，但疲劳的身子总想到床上去消除疲劳，所以多数人是有消遣的地方而没有消遣的精力。

海上的艰苦生活

美国水兵的一日三餐

美国海军官兵的早餐供应有：黄油米饭、煎鸡蛋、牛排、烤火腿片、碎牛肉面包、热点心、蛋奶烘饼、肉丁烤菜、咖啡、茶和牛奶等饮料；午餐有：包肉馅鱼、土豆泥、牡蛎、黄油胡萝卜、芦笋、肉汁、西红柿汤等；晚餐有：日式牛肉火锅、烤小牛肉、雪片土豆、黄油甘蓝、豆汤等。三餐中都有小糕点供应，中晚餐有蒸米饭、什锦面包、各式沙拉等。三餐的花样虽多，但要排队领取，费时较长。为此每餐都有快餐供应,但只有鸡肉汤面、炸蛋卷等。

美国海军有规定，体重不能超标，更不允许有“将军肚”，为此，在膳食上也做了考虑,即平衡膳食，注意营养搭配。美国对给养勤务系统供应的1.6万种食品进行营养分析,专门制订了一套营养标准指南，供配餐搭配作参考，并在外包装上用各种颜色标示，粉色的表明脂肪量较少，绿色的表明盐量低，黄色的含糖量较低等，并大力提倡多吃鱼、鸡和植物油及蔬菜等富含纤维的食品。

美国大兵的快乐生活

北洋海军的建立

北洋海军是中国清末海军部署在黄海区域的舰队，是清政府重点建设的一支海军兵力。装备有：从英国和德国订购的“定远”号、“镇远”号装甲舰，“经远”号、“来远”号、“济远”号、“超勇”号、“扬威”号等巡洋舰，有6艘“镇”字号炮舰和鱼雷艇；有中国马尾船厂建造的“平远”号巡洋舰，“威远”号、“康济”号、“敏捷”号等练习舰。

北洋海军于1875年开始筹建，至1888年正式成立，海军衙门设在北洋海军主要基地威海港刘公岛，丁汝昌为北洋海军提督，林泰曾为北洋海军左翼总兵，刘步蟾为北洋海军右翼总兵。到中日甲午战争前夕，北洋海军已拥有装甲舰2艘、巡洋舰8艘、练习舰3艘、炮舰7艘、鱼雷艇11艘、布雷船1艘，共计32艘，总排水量约3.8万吨，作战实力居清末海军各水师之首。

甲午战争之后，清政府又向英、德订购了5艘巡洋舰，以叶祖圭为统领，重建北洋海军，但一直无大发展。1909年北洋海军被编归巡洋、长江两舰队，北洋海军建制到此终止。

“跃进”号沉没之谜的破解

1963年5月1日，日本全亚细亚广播电台发布了一条消息：“中国国产的第一艘万吨级远洋货轮‘跃进’号在开往日本途中，因腹部中了3发鱼雷而沉没……”这一消息立即引起世界各国政府的关注。我政府从多方面分析，认为最大可能是触礁沉没，而不是被击沉。为弄清“跃进”号沉没的真相，有关方面决定进行调查。5月19日8时，由护卫舰、扫雷舰、猎潜艇和打捞作业船组成的编队，在东海舰队司令员陶勇中将的率领下，从吴淞港起航，21日到达“跃进”号失事海域，首先找到了在水下9米深的苏岩礁，然后用声呐在其周围探测。10时11分，猎潜艇“金州”号发现回波，是金属性质。编队指挥员立即令“成都”号护卫舰去进一步鉴别。“成都”舰在水下回波附近海面发现油迹和气泡，经分析肯定是沉船，但不能确定是“跃进”号。他们又用拖扫的办法探查，发现在锚钩上刮有白、绿两色油漆和夹有玉米，这正是“跃进”号的船舷漆的颜色和装的货物。根据周总理一定要把“跃进”号沉没原因搞清楚的指示，编队指挥员又派潜水员去探摸。潜水员经过与风浪、急流搏斗，终于在水下50米深处找到了沉船，先是捞起了29件能证明是“跃进”号的物品，又探摸了“跃进”号被礁石划破的漏洞及礁石被撞击的痕迹，还捞上了带有“跃进”号船舷漆的礁片。至此真相大白，“跃进”号是因触礁沉没的。

我国第一艘万吨远洋货轮

中国人民海军首次远洋护航历程

1963年，第一届新兴力量运动会在印度尼西亚举行，我国政府决定组团参加，乘“光华”轮前往，并命令海军派军舰护航。为什么要护航呢？因为这一时期台湾当局叫嚣要窜犯大陆，当他们听说我国体育代表团将去雅加达的消息后，就派护卫舰、登陆舰各一艘，进驻南沙的太平岛，在海上设了关卡。再说，“光华”轮还乘有朝鲜、越南和阿尔巴尼亚的体育代表团，所以不能有任何闪失。

10月22日15时，“光华”轮起航，由“南宁”号护卫舰和“锦州”号、“扬州”号猎潜艇组成的护航编队紧随其后。第二天黎明驶出珠江口不久，就发现美国侦察机飞来，低空盘旋、侦察拍照之后飞走了，以后再没有敌人的影子，大概这架侦察机认为“光华”轮是例行的航班，军舰是在例行训练吧。到第三天他们才反应过来，立即派出舰艇追赶。我编队的后方出现了美军和台湾的军舰，护航队立即做好了战斗准备。可能敌人看无便宜可赚，尾随了一段时间就离去了。据分析，由于我们保密工作好，行动又隐蔽，出航后一直不使用无线电器材，敌无法侦知我行动，所以3天后才发现我编队，当“光华”轮驶过北纬10°、过北交礁后，编队完成了护航任务，转向返航。

这是人民海军组织的首次远洋护航，通过完成这次任务，不仅检验了舰艇部队的远航能力和实践了护航行动，也取得了对敌斗争经验。

冲破阻碍，维和部队到达柬埔寨

1992年初，根据联合国规定，中国组建了由400多名官兵和200多辆机械车辆赴柬埔寨的维持和平部队。但如何前往柬埔寨却成了大问题，因为如果采用空运，柬埔寨只有金边一个能降落大型飞机的机场，而且一次只能降落一个架次，加上对机场导航设备情况掌握不准，很难按时完成任务。若从陆上走，我国与柬埔寨又不接壤，那只有海运一条路了。在选择运输工具时，大家首先想到了“郑和”号训练舰，因为它不仅可运载所有维持和平部队官兵，且航海能力强，有条件通过这段生疏、复杂的航线。但联合国有规定，国际维和部队派遣国运送维和部队的交通工具不能用军事舰船和飞机。“郑和”号虽不是战斗舰艇，但却是海军舰艇学院的实习舰，属军事舰船性质。对此，当时任联合国秘书长的加利先生给予了充分的理解和支持。于是，“郑和”号与“南运831”船，及广州远洋运输公司的“赤峰口”轮承担了跨海运兵的历史使命。

1992年4月19日12时，以“郑和”号为旗舰的“蓝色编队”起航，于23日16时到达柬埔寨磅逊港。

第七章
千奇百怪的海军礼仪

海军礼仪是海军舰艇、部队和官兵表示敬意、庆祝、祝颂和哀悼的礼节和仪式。在全世界所有的军种中，海军是礼仪最多的军种，这是因为海军参加国际交往和重大活动最多。

海军礼仪在内部用于体现军人关系和上下级互相尊重，官兵一致，团结友爱；在外部表示国家与国家之间，以及本国海军与他国海军交往中的友好与礼貌。

舰艇的盛装——满旗与满灯

满灯是海军舰艇在夜间按规定沿满旗位置并围绕舰舷和上层建筑的轮廓挂满彩灯的仪式，用于迎接国家元首、政府首脑、军队高级将领，举行隆重庆祝活动

满旗是海军舰艇白天按规定悬挂国旗、军旗，并由舰首通过桅杆连接到舰尾挂满通信旗的仪式，用于迎接国家元首、政府首脑、军队高级将领和来访的外国军舰，重大节日，隆重活动，出国访问停泊于外国港口时。

海军满灯

悬挂满旗的时间、排列顺序有着严格的规定。悬挂满旗的时机，一般是迎接党和国家、政府、军队领导人，迎接外国元首，重要庆典，重大节日，迎接外国军舰来访，出访编队离码头前，到达被访问国港口和在国外停泊时等。满旗悬挂于两桅横桁之间，并分别连接到舰首、尾旗杆，两桅顶各挂国旗一面，舰首、尾旗杆各挂海军旗一面。驱逐舰挂满旗，一般挂 2 号旗，约挂 67 面。这要根据舰艇的实际长度和前后桅杆的距离来定。单桅舰艇则由桅杆横桁连接到舰首、舰尾旗杆，桅顶挂国旗一面。信号旗有 5 种规格。分为 1 号、2 号、3 号、4 号、5 号，1 号最大，5 号最小。一套信号旗有 46 面。其中，26 面字母旗、10 面数字旗、4 面方向旗、3 面代旗、1 面执行旗、1 面答应旗、1 面国际答应旗。数字旗为三角形旗，字母旗中有方形旗和燕尾旗，答应旗与国际答应旗为梯形旗等。满旗的排列是两方一尖。方旗是指长方形的旗子，尖旗是指三角形旗子，燕尾旗可作方旗用，梯形旗也叫长旒旗，可作尖旗用。为挂满旗方便，在从舰首旗杆顶到主桅顶、从主桅顶到后桅顶、从后桅顶到舰尾旗杆顶，设有 3 根细钢丝。我舰艇编队抵达

被访国，当第一根缆系到缆柱上时，信号兵迅速用电动滑轮将满旗顺着细钢丝徐徐升起。悬挂满旗有一些特殊的要求：不得悬挂与各国国旗图案相同的通信旗，也不得悬挂用于表示战斗、防核化、防空袭的单旗。满旗中的单独一面，不表示什么意义。

我国的出访舰艇编队到达被访国时，被访国的海军舰艇一般要悬挂满旗表示欢迎，其排列顺序与我们相同，不同的是外军的满旗比我们的满旗小一个或两个号。

我国出访舰艇离码头前，送行的部队、驻地政府官员、被访国驻华使节、海军首长或舰队首长要在码头举行隆重的送行仪式，停泊在码头的所有舰艇都要悬挂满旗。

各国海军的标志——海军旗

海军旗是表示舰艇所属国籍的标志旗，旗面颜色、规格和样式都是特定的。有些国家海军旗与其国旗相似而略有差别，如挪威、芬兰、澳大利亚等；有些国家海军旗与其国旗有较大差别，如英国、日本、比利时、阿尔巴尼亚等；有些国家海军则以国旗或军旗代替海军旗，如美国、法国、朝鲜等。

近代中国海军，清代规定用黄色、长方形、中间用蓝色羽纱镶嵌五爪金龙的大清帝国国旗为海军旗。中华民国海军旗使用中华民国国旗为海军旗。1950 年 4 月，国家规定中国人民解放军海军旗用“八一”军旗，凡海军舰艇、勤务舰船均按舰级授予一面相应旗幅规格的海军旗。

清军海军旗

悬挂海军旗，水面舰艇在停泊时应悬挂于舰尾旗杆，航行时单桅舰艇悬挂于桅杆斜桁，双桅舰艇悬挂于后桅杆斜枻；潜艇在水面航行和停泊时，均悬挂于舰桥后部旗杆。作战时，舰艇昼夜悬挂国旗和海军旗。舰艇每天早晨 8 时升旗，日落降旗。在港内停泊时，升降海军旗按照港口信号台统一信号进行；在海上锚泊时，则按指挥舰的统一信号升降海军旗。

你知道吗

军舰上要挂出很多旗都有什么用途呢

军舰上有时除悬挂国旗、军旗、指挥旗之外，还挂出国际信号通信旗。

国际信号通信旗是一种通信联络用旗，这类旗帜共4种，有40面，其中包括26个字母旗、10面数字旗、3面代用旗、1面回答旗。每面旗都代表某种意义。

1992年9月，我国公布海军仪仗队使用的海军军旗式样：海军军旗上半部保持中国人民解放军军旗的基本式样，下半部为蓝白相间，象征大海与海浪，表示人民海军为保卫社会主义祖国的万里海疆而乘风破浪，勇往直前。

在军港附近，每日上午8点以前，你会看到军舰上的官兵整齐排列在甲板上升旗，场面严肃而隆重。8时整，所有的军舰动作一致的将海军旗升起。这是军舰停靠码头的情况，若军舰航行在海上，则日出升旗，日落降旗。如果是下雨阴天看不到太阳怎么办？别着急，这个太阳出、没的时间是准确计算出来的。在海上，航海长要把军舰所在的地理坐标（经、纬度）算出来，然后在天文年历里查出日出和日落时间，通知舰桥值更人员，时刻一到，准时升降旗。此时舰员就不列队了，只有在甲板作业的人员，向军旗敬礼。

军舰在战斗时，立即升起军旗，即使在夜间也要这样做，若军旗被炮火打掉，应立即再升一面军旗，不论什么情况下，也要保证军旗在位。

德意志海军旗

海军礼炮——舰艇上的最高礼仪

军舰在迎接来访军舰、到达访问地、离开访问地的时候，常要鸣放礼炮表示欢迎、致敬或答谢。那么，军舰鸣放礼炮这种礼仪方式是根据什么和从什么时候开始的呢？原来，这种礼仪在400年前就有了。

早在16世纪，随着经济的繁荣和航海事业的发展，也带动了海军的发展，军舰在执行任务中，免不了要到他国港口，由于当时的通信能力低，对军舰的到来难以及时了解其动态。因此，军舰在驶入它国海域前，为表示友好、无敌意，故意将炮膛内的炮弹全部放完，而且，在迎接他舰时也使用这种方式。这种形式演变到今天就逐渐成了正式的国际海军舰艇礼仪了。

海军礼炮是一种隆重的欢迎或致礼形式，也是军舰上隆重的礼节。它用于重大节日、迎接军政要员及正式出国访问活动或其他隆重的场合。礼炮，中国海军主要用于外事活动，而美国海军礼炮使用的范围较广，如华盛顿诞生日、阵亡将士纪念日、独立日、州长和知名人士葬礼等。

海军礼炮通常分为国家礼炮、个人礼炮、庆典礼炮和葬礼礼炮等。英国没有葬礼礼炮却有皇家礼炮。所谓国家礼炮，用于出访时表示对东道国的敬意，也用于对外来舰艇鸣放国家礼炮时的答礼。所谓个人礼炮，用于向海军将级以上军官及职级相当的军政要员、外宾表示敬意，也用于对外舰鸣放的个人礼炮的答礼。庆典礼炮用于国家（民族）重要纪念日和重大节日，以示庆贺。葬礼礼炮用于安葬有一定功勋的军政要员的仪式上，以示致哀。

国家礼炮 21 响，个人礼炮 7 ~ 21 响，根据受礼人身份而定，各国海军对此都有明确规定。

海军礼炮

海军礼炮通常由 45 ~ 100 毫米口径的舰炮或专门的礼炮鸣放，中国的专用礼炮为 45 毫米口径，使用时临时安装在甲板上。

海军礼炮的炮弹是装有黑色火药的空包弹，中国海军礼炮炮弹装药是 150 克。

海军礼炮的鸣放有许多详细的规定。第一是鸣放时间。航行的舰艇仅在日出后和日落前鸣放，停泊的军舰则在升旗后和降旗前鸣放。各国还有些特殊规定，如英国海军规定：星期日 10 时 30 分至 13 时期间，在港内或进港的军舰不鸣放礼炮。美国海军规定：除国防礼仪需要外，星期日不鸣放礼炮；第二是鸣放间隔时间，世界上没有统一的规定，英、美、新西兰、智利等国海军每响礼炮间隔时间为 5 秒，墨西哥海军为 4 秒，苏联海军为 15 响。

英海军对国家礼炮的鸣放规定与其他国海军差不多，只是庆典礼炮和皇家礼炮是独有的。

根据《英国皇家海军条令》规定，在下列 7 种情况下，舰艇应鸣放庆典礼炮：遇英联邦国家重要纪念日、重大节日时，女王诞辰、成年、加冕仪式时，爱丁堡勋爵诞辰，女王母亲、伊丽莎白皇太后诞辰，外国君主或其配偶生日庆典，外国重要国家庆典活动时，英联邦国家总督或行政长官授权认可的宗教仪式、议会或立法机构开幕或闭幕时。

皇家礼炮只对女王、爱丁堡勋爵、女王母亲伊丽莎白皇太后、皇室其他成员、英国政府承认的外国元首和罗马教皇鸣放。当以上人士到达或离开英联邦国家时，登离舰时，海军舰艇抵达或离开某港口且岸上悬挂上述人员旗标或英国皇室成员旗标时，或遇见挂有上述人员旗标的舰艇时，均应鸣放皇室礼炮。

美军海葬仪式

海葬仪式——庄严的祭奠

海葬仪式是海军舰艇部队安葬海上牺牲、死亡舰员的一种特殊仪式。这是因为舰员在海上牺牲或死亡后，没有条件将遗体运回陆地安葬，只好进行海葬。世界各海军国几乎都有这种仪式。

举行海葬时，全体（能离开岗位的）舰员在后甲板按升旗队形列队，舰艇降半旗，奏哀乐，海葬后还要将海葬地点（经纬度）和日期记入航海日志。舰上挂有很多旗，是否都下半旗呢？实际上只有海军旗和舰首旗降半旗（降下 1/3 的位置），其他如首长旗、三角旗和现役三角旗不能挂半旗，除非该官员死亡，才可挂半旗。美国海军规定，海葬仪式应在日出后和日落前举行，在战地可以在夜间举行。

撒骨灰仪式是将逝者骨灰撒向大海的一种葬礼仪式。我国高级领导人或经批准的其他人员骨灰撒向大海时举行这种仪式。葬礼礼炮也根据生前享有的个人礼炮数鸣放。1985 年 5 月 19 日，我海军历史上曾在为已故国家主席刘少奇同志举行的撒骨灰仪式上施放过葬礼礼炮。

各具特色的海军服

世界上各国的水兵服大致相同，基本上是套头上衣、披肩，紧袖口、宽裤脚。而不同处也只在袖口上，多数用紧袖，少数是敞口。

可有的水兵服在胸前挂一黑领结，这是什么原因呢？一说它源于英国，是为阵亡的海军英雄纳尔逊致哀，是从当时佩戴的黑布演变成今天的黑领结的；另一说是古代军舰在作战时，水兵身上都带有急救包扎布，黑色领结是由包扎布演变而来。不论哪种说法，到现在只是一种装饰品罢了。

海军礼服

你知道吗

水兵服的式样有何来历

据说古代帆船上的水手们整天与缆绳打交道，为减少对上衣的磨损，出现了垫肩，后演变成今天的披肩。也有说因为古代男子蓄长发，但当时条件有限，他们为了保持干净就在肩上披一方巾，其后变成披肩。

关于水兵裤裤筒肥大的来历，倒是比较统一。据说主要是考虑到水手们一旦落水，便于解脱从而减轻负重。另外，裤腿肥大也便于进行冲刷甲板等工作。

水兵服的标志是披肩，披肩上白边的知识也不少，三条白边，有代表英国通过三次战役打败法国之说；也有说一条白边是代表一等强国，两条白边代表二等强国。你知道人民海军的披肩上有几道白边？它代表什么意思呢？人民海军的水兵服是四条白边，它代表周边是四个海。

有的国家的水兵服披肩的两角有两枚国徽，美国的是两颗白星。假如少女能够抚摸到披肩上的装饰物，据说还会给她带来好运呢！

法国海军的着装有些特殊的地方，法国海军服分常服、礼服、工

英国海军礼服

作服和热带地区服四大类。在如何着装上，与其他海军相比有些特殊规定。

在海外的军舰，何时穿什么服装，由舰长说了算，包括出访在内；法海军的服装是个人定做而不是上级统一发放，军官要自己掏钱，士兵是发给足够的服装费后由个人去定做。在集体活动时，要求必须穿体面、崭新的军服，否则就要受到处分。但在日常生活中，法海军军人对衣着又很不讲究。多数舰员对衣服称身合体就可以了，平时穿什么，条令没有规定，所以穿T恤、夹克、猎装、休闲服、牛仔服等什么服装的都有。这种平时穿衣“五花八门”现象，可能与法兰西民族贯于标新立异有关。

我国最早海军军服出现在清朝，尽管我国出现水军的时间很早，但几千年来一直没有制式的海军服。直到1882年创建北洋水师时，才具体规定了海军服装的样式：海军军官服用丝绸，宽袍大袖，在领圈、门襟及衣摆处饰有深色云边。军官冬服为深蓝色，毛皮帽；夏服为银灰色，暖帽，脚穿黑底靴。军官的等级从帽顶上分，职务在袖章上分：管带、大副、二副都是二龙戏珠图案。管带帽顶的珠子是红色，大副为蓝色，二副为金色。北洋水师水兵等级分三种九等，但都穿蓝裤褂，腰间系有蓝带(水兵头目以上的不系)，头上扎有青包头，脚穿扎地虎靴。冬天在蓝罩衣内穿棉衣。假日上岸夏季为全白衣裤,冬天为蓝呢衣裤。水兵服胸前的圆形胸补上有北洋水师××快船字样，虽不洋气，可也整齐威武。

我们在“甲午风云”电影中看到的清朝北洋海军的海军服就是我国最早的海军服，尽管它还没有脱离清朝服装体系，如帽、顶、补褂等，但已开始向“国际接轨”了。

你知道吗

有趣的新舰下水仪式

新造的舰船下水时，总是有一定规模的下水仪式。外国军舰下水一般都由一名女士进行掷瓶仪式，如同体育竞赛的胜利者互喷香槟一样。这位掷酒瓶的女士由谁来担任呢？当然是请名人，如位居某要职的夫人、知名人士等，自然是行政长官的夫人居多。但是也有例外，如1941年9月6日，“亚特兰大”号巡洋舰下水时，就没有请亚特兰大州州长的夫人，而是请了《飘》一书的作者玛格丽特·米切尔。“亚特兰大”号巡洋舰在“二战”中被击沉后，美又建造了一艘巡洋舰，仍命名为“亚特兰大”号。1944年2月6日这艘新舰下水时，还是请来了玛格丽特·米切尔掷瓶，一时传为佳话。

站坡
——航员的列队礼仪

站坡，又叫站波，海军专业术语，指舰员在舰上列队的一种形式，是国际上各国海军约定俗成的通行礼仪。站坡仪式主要用于迎接国家元首、政府首脑、军队高级将领、海上阅兵、检阅舰艇、访问外国港口进出港时以及其他有关场合。

站波为海军传统礼仪之一，源起于帆船时代。在当时，迎接高贵乘客，全体水手必攀登桅上，倚身帆桁听候号令，脱帽扬手，高声欢呼三次。如受礼者照数还呼，则必须再行欢呼一次，以示敬意；如仅欢呼一次，则不必重呼。流传至近世，因帆船已淘汰，及改攀桅为站波。

分区列队时，舰员面向舷外，根据需要可两舷分区列队，也可在一舷分区列队。

中国海军规定，舰艇执行三级以上礼仪时，全体舰员分区列队。在每层甲板上，军官、士官均站在舰首方向。阅兵时，迎接时，出访时等一些礼仪场所才会这样，表示友好没有敌意。

海上阅兵式

海上阅兵发展到现在，更多的是培养国内民众对海军的了解，而组织国际多国海上阅兵，更是各国海军互相交流与了解的最好平台。可以预见，随着海上安全领域合作重要性不断提高，多国海上阅兵会更多地走进人们的视线之中

通常情况下，海上阅兵分为阅兵式和分列式。举行阅兵式时，受检阅的舰船都有固定的泊位，整齐地排列。检阅舰则搭载本国领导人和海军将领，以及受邀的别国宾客依次检阅列队战舰。分列式又称为码头校阅式，受阅舰艇编队以一定顺序从码头的检阅台前通过。2008年，韩国海军的国际观舰式就是由

我国舰队的海上阅兵式

韩国海军舰艇先在釜山港外的水云湾举行盛大海上分列式，此后又举行检阅式。当时，韩国总统李明博和夫人乘坐韩海军“世宗大王”号导弹驱逐舰，在相距国际舰队 150 码距离外开始检阅各国海军舰艇。检阅舰上，还有其他 33 个国家的海军代表团团长。如同奥运会入场仪式一样，各国战舰的排列也遵循一定的国际惯例，但是也并不拘泥于一种规则。更多的情况下，还是按照国家的首字母来排序。韩国釜山举行的海上阅兵式中，就是以美国“乔治·华盛顿”号航空母舰居中，两侧分列 10 艘各国舰船，均按国名的第一个英文字母确定排列顺序。

一般来说，受检阅的舰船都有一个固定的泊位，整齐地排列。一艘检阅舰会搭载本国领导人和海军将领，以及受邀的别国海军将领依次检阅列队战舰。很多国家在进行国际舰队检阅活动时，往往还进行各级海军军官交流、学术研讨、高层安全对话等活动。这种多国海军参加的阅兵式，各国都会展示自己的装备水平和兵员素质，是一种“友好的比赛”。

阅兵式是受阅者乘坐较大型的舰船从被检阅的舰艇前通过。通常，举行阅兵式时，阅兵总指挥先在岸上迎接阅兵首长，然后陪同阅兵首长乘舰艇驶向受阅部队。当阅兵首长乘坐的舰艇驶至第一艘受阅舰艇 4 ~ 5 链距离时，阅兵总指挥宣布阅兵式开始。当受阅舰距首长乘坐的阅兵舰艇 2 链、舷角 45° 时，受阅舰艇信号兵鸣笛一长声，全体舰员立正，舰长发出“向右（左）看”的口令，军官、士官行举手礼，水兵行注目礼，并目迎目送。待阅兵首长乘坐的舰艇通过舷角 135° 时，舰长发出“向前看”的口令，信号兵鸣笛两短声，礼毕。

分列式是被检阅的舰艇依次通过受阅舰。当阅兵总指挥宣布分列式开始后，进行受阅的分列式舰艇前后保持一定距离依次通过，接受相关领导和军队首长的检阅。在多数情况下，受阅前后舰的距离保持在 2 ~ 3 链（370 ~ 550 米），以防止前舰尾流对后舰产生较大的影

检阅外国舰艇

响，从而使整个编队队形发生紊乱。当然也有例外，如包括航空母舰在内的大型战舰与后舰的距离就要比一般舰船拉开的距离要大些。

为了保证众多国家海军舰船检阅航行时前后有序，按照通常惯例，大多以参加国的英文首写字母来排列，例如澳大利亚的海军舰艇通常被排在第一位。至于进行分列式的舰艇，敬礼和礼毕的时机与举行阅兵式的基本相同。

军舰访问——海上外交

舰艇出访是指正式的需要给予特殊礼仪的访问。舰艇访问需经两国政府事先协商同意，且在两国之间已经正式建立外交关系的情况下进行。

军舰具有特殊的法律地位，舰艇出访进入被访问国的港口时仍然享有完全的豁免权，舰长和舰上最高指挥官享有外交豁免权，舰员着军服参加活动时也享有外交豁免权。出访舰艇编队进入被访国领海线前，被访国一般派出军舰前来迎接。进入领海线时，根据双方协定，悬挂被访国国旗。被访国国旗挂在主桅杆的右舷，访问国的国旗挂在主桅杆的左舷。带上第一根缆时，开始挂满旗和舰首、尾的海军旗。如被访国军舰挂出欢迎旗，访问国舰应挂出感谢旗组表示感谢。在国外访问期间，每天都要安排隆重升旗，在升起双方国旗的同时升起满旗。

军舰访问可增进出访国与被访国之间的友好关系，提高舰艇人员

访问我国的美国军舰

远洋航行的组织指挥能力，交流建设海军经验等。

你知道吗

你知道军舰到达被访国时应保持的礼节吗

军舰到达被访国领海时，首先要向该国的海军指挥机关发电致敬。双方会合后，如对方升挂起表示欢迎的国际信号旗，来访舰应立即升挂表示感谢的国际信号旗并随即降下。若来访属于正式访问，应按两国事先的协议鸣放礼炮。

军舰进港时，舰员通常在两舷分区列队，为表友好，出访舰一般都悬挂被访国的国旗。到达当天，舰上最高指挥官应拜会当地海军和驻地军政长官，并按相应的礼仪迎接对方的回访。

第八章
海洋军事与海军常识

海军是海上作战行动的主体力量，担负着保卫国家海上方向安全、领海主权和维护海洋权益的任务，主要由潜艇部队、水面舰艇部队、航空兵、陆战队、岸防部队等兵种组成。海军是一个国家对海上军事和防御的全部军事组织，包括船只、人员和海军机构。在海上作战的军队，通常由水面舰艇、潜艇、海军航空兵、海军陆战队等兵种及各专业部队组成。另外，海军通常着特定的制式服装，使用特殊的旗帜、徽章等标志。总之，海军是海洋上重要的军事力量。

海军与海洋国土

虽然领海问题从十四五世纪就有人提出，19 世纪也有一些国家单方面宣布了领海和领海宽度，但始终没有为各国所公认。领海权问题直到 20 世纪 30 年代初才正式成为国际会议讨论的内容。1930 年，国际联盟在荷兰海牙召开国际法编写会上，英美等海洋强国正式把 3 海里领海原则提出来，并建议作为日后国际统一领海宽度。这一提议显然不符合中小沿岸国家的利益，所以只有英联邦成员国和其他少数国家同意。另外有 4 个国家将领海宽度定为 4 海里，有 12 个国家定为 6 海里。苏联则保持中立。

这一次国际会议，极大地唤醒了广大不发达国家的海权意识，并激发了他们为争取更合理的海洋权而斗争的热情。1943 年 8 月，与美国毗连的墨西哥不顾海洋强国的压力，竟然直接宣布了自己的领海宽度为 9 海里，并郑重地写进了国家的法律。1947 年被称为美国后院的智利、秘鲁宣布自己的领海海域为 200 海里。1950 年，萨尔瓦多、厄多瓜尔也先后宣布自己的领海海域为 200 海里。随后又有 12 个国家先后宣布其领海为 12 海里。

1958 年 2 月，联合国召开了第一次国际海洋法会议，会上美国代表再一次提出“3 海里原则”的陈旧方案。美国人声称“我们海军希望看到尽可能狭窄的领海，以便保持在公海上的分布、通行和演习最大可能地不受各国管辖权的限制。”美国等海洋强国的这一企图，理所当然地被大多数国家所拒绝。

1982 年，联合国第三次国际海洋法会议通过《联合国海洋法公约》后，才正式确定了国际一般通行的领海及领海宽度的原则。《联合国海洋法公约》规定：“第一国家有

领海即领土

权确定其领海的宽度，但领海宽度一般不超过 12 海里。”

目前，虽然有了《联合国海洋法公约》，并得到了世界几乎所有成员国的承认，但由于某些原因，领海宽度仍然是不统一的。有的国家为 4 海里，有的为 6 海里，也有的坚持 200 海里的领海宽度。美国是世界上第一个宣布 3 海里领海的国家，曾一直拒绝在《联合国海洋法公约》上签字，但也于 1988 年 12 月宣布按照 1982 年联合国通过的海洋法，将其领海由原来的 3 海里扩大到 12 海里。

《联合国海洋法公约》除了对领海的界限划分作了规定外，还确立了一些特殊海域的法律地位，如毗连区、专属经济区。毗连区又称连接区、特别区等，是指在沿海国领海以外而与其领海相连的海域，其宽度限制在从领海基线起算的 24 海里之内。此外还有大陆架区域、专属渔区等。

沿海国的领土主权

国家的领海主权主要包括以下权利。

（1）自然资源的所有权和专属管辖权。领海内的一切生物资源和非生物资源均归沿海国所有。不经过沿海国的同意，外国人不得进入领海从事捕捞或其他勘探和开发活动。沿海国可以通过协议或许可制度准许外国人进入其领海从事上述活动，而后者必须遵守有关协议的规定和沿海国有关的法律和规章。

（2）航行管辖权。沿海国有权制定有关领海内航行的法律和规章，对领海航行实施管理。外国船只通过领海时，必须遵守这些法律和规章，并不得有损害沿海国和平或安全的行为。沿海国有权限制外国船只在领海中的哪些海域中通过。对于违犯原则通过的一切外国船只，沿海国有权终止其通过或将其扣留、拿捕。

（3）对领海上空的专属权。领海的上空是领空，未经过沿海国许可，外国飞机不得进入该国领海上空。

（4）海洋环境保护的管辖权。沿海国可以采取一切必要措施，以防止、减少和控制领海海洋环境的污染，并为此制定法律和规章。外国船只在通过领海时，如果发现违犯这些法律和规章的行为，沿海国可对其进行实际检查，可以扣留船只并进行司法起诉。

（5）对领海内犯罪的刑事管辖权。沿海国对于领海内发生的一切刑事、民事案件，均有司法管辖权，只有外国军舰、用于非商业目的的外国政府船舶以及享有司法豁免权的人员例外。然而事实上各国对于通过领海的外国船舶上发生的刑事案件，一般都是从是否涉及本国利益考虑，决定是否对其行使刑事管辖权。

（6）海洋科学研究的专属权。只有沿海国有权在其领海内进行海洋科学研究，未经过沿海国的明确同意并遵守其规定的条件，其他国家不得在该国领海内进行这种活动。

（7）制定和实施其他法令的权利。沿海国除有制定有关海洋自然资源、航行、海洋科学研究、海洋环境保护的法律和规章的权利外，还有制定有关海关、财政、移民、卫生、电缆、管道、助航设施和设备、海洋水文测量、无线电监督及其他维护国家安全和经济利益的法令,并采取相应的执行措施的权利，以及对于不遵守法令、不服从管理者给予相应制裁的权利。

领海主权神圣不容侵犯

（8）紧追权。当外国船舶在领海内违犯法律和规章时，沿海国可对该船实行追赶，一直到公海，并把其拿捕交付审判。

（9）保持中立权。在战时，沿海国保持中立时，交战国不得在其领海内作战和拿捕商船。

外国船只如果违犯沿海国在领海内享有的上述权利,会受到处罚。

在领海以外，沿海国为了一些特定的目的也可以划定一些管辖区域。下面让我们介绍这些分区。

（1）毗连区，是指在沿海国领海以外而与其领海相连的海域，其宽度限制在从领海基线起算的24海里之内。在这个区域内，沿海国为了保护渔业、管理海关和财政税收、查禁走私、保证国民健康、管理移民，以及为了安全需要，制定相应的法律和规章制度，行使某种特定的管制权。沿海国对毗连区的管制范围不包括该区的上空。我国在《领海和毗连法》中明确指出我国毗连区的宽度为24海里。

（2）专属经济区，是指沿海国家在领海以外与领海相邻接的，从领海基线起算不超过200海里的专属经济区。建立专属经济区的沿海国在该区拥有勘探开发、养护和管理自然资源的主权，以及对人工岛屿、设施、结构的建造和使用，海洋科学研究、海洋环境的保护和保全的管辖权。其他国家有在此区域航行、飞行、铺设海底电缆和管道的自由。专属经济区的法律地位既不同于领海，也不同于公海，沿海国在该区的管辖范围包括海床和底土及其上覆水域，但不含上空。专属经济区是《联合国海洋法公约》新规定的区域。该区的确立扩展了沿海国行使主权的范围，相对缩小了实行公海自由的区域。

大陆架的经济区可达 200 海里

（3）大陆架区域，也称大陆棚，是沿海国领海以外依其陆地领土的全部自然延伸，一直扩展到大陆边缘的海底区域的海床和底土，如果从测量领海宽度的基线起到大陆边的外缘的距离不到 200 海里，则扩展到 200 海里的距离。如果大陆外边缘超过 200 海里的，可视情况自然扩展，但不能超过 350 海里。海洋中的资源很大一部分是蕴藏在海洋的大陆架中。据估算，世界海洋石油最终可采储量约为 300 亿吨，绝大部分埋藏在大陆架中。世界上 90％的海洋渔业资源也来自大陆架和邻近的海湾。沿海国对其大陆架有勘测和开发天然资源的权利，并且有权利在大陆架设立、维持或经营与勘测大陆架及开发其天然资源所必要的装置或其他设备，有权在该装置、设备周围设立安全区域和采取保护这类装置和设备的必要措施。外国船只和飞机在其他国的大陆架享有航行自由和飞行自由的权利。

（4）专属渔区，是沿海国为了行使专属捕鱼权，或者为了采取养护渔业资源的措施而建立的特别管辖区域。渔区分为两种：一种是专属渔区，在这种渔区内，沿海国行使专属捕鱼权和渔业专属管辖权，除非按国际协议或根据沿海国的法律规章取得许可，外国渔民不得从事捕鱼活动。另一种是养护区，又称保全区，在这种区域内，沿海国并不拥有专属捕鱼权，但可以采取为养护渔业资源所必要的措施。外国渔民在养护区内的捕鱼活动应服从沿海国的管理。

海权与海军

“海权论”的基本内容包括以下几个方面：

1. 海洋价值观

“国家海权理论”冲破了几千年来人类把海洋视为“护城河”的狭隘观念，确立了新型的海洋价值观——海洋是连接世界的战略通道。占地球表面3/4的海洋，是大自然赋予人类通往四面八方的交通媒介和各大陆相互交往的交通要道。谁控制海洋，谁就能控制世界贸易并进而控制世界财富。因此，海洋必然成为渴望获得财富和拥有实力的海上强国进行竞争和发生冲突的主要领域。

海上强国要获得海上自由，必须具备4个条件：

海军是海权的保证

（1）必须生产足够的产品，作为商品输出和进行商品交换。

（2）必须拥有足够的船只，作为海上交通工具和进行商品运输。

（3）必须占有足够的海外基地和殖民地，能够有效地保护和发展海外贸易，获取巨大的经济利益。

（4）必须拥有强大的海军，以保护本国基地之间的交通线以及海域。

2. 海权要素观

构成海权的基本要素，主要有以下6项：

（1）地理位置。一个不必通过陆路保卫自己和扩张领土的国家，其一贯目的就是向海洋发展。同大陆国家相比，沿海国家所处的地理位置十分有利，便于海军力量的集中和分散。

（2）自然构造。海岸线是构成国家边境的重要组成部分，具有通向海洋的便利通道。国家从海上与世界各国交往，其海上贸易、海上运输和海上力量就会不断发展。

（3）领土范围。不仅指国家的领土面积，更重要的是一个国家海岸线的长度和港口特点。

（4）人口因素。不仅指国家的人口数量，更重要的是国家的人口质量，尤其是可以构成海上力量的人口，即可以充当水手、舰艇兵员以及生产海军物资的人员。国家拥有能够从事海洋事业的众多人口，是海权的主要因素。

（5）民族特点。依靠海洋强大起来的民族，其显著特点是具有从事海上贸易的才能。这样的民族必须具有能够生产用于交换的产品，以及拥有在海外建立殖民地的能力。

（6）政府制度。政府应该深刻了解海洋对于国家兴衰和民族存亡的重要性，彻底认识海权的重要意义，并竭尽全力为国家拥有强大的海权去建立一支强大的海军。这支海军应保证海上主要航道畅通并能够在远洋活动。

上述因素的价值是相对的，随着时间的推移和环境的变化而变化。但是，如果国家具备这些有利条件，对其拥有强大的海权必将产生巨大的推动作用。海军战略的关键就是平时和战时建立和运用国家的海上力量。

3. 海上力量观

建立国家海上力量优势的标志是强大的舰队、商船队以及发达的基地网。国家海上力量包括海上运力和海上武力两部分。海上运力指运输船只、沿海基地以及提供支援的附属设施；海上武力指海军舰艇部队。海权论者既反对俄国的“要塞舰队”观点，也反对英国的“存在舰队”观点。海权论者认为，海军舰队应成为海上野战军，要塞和基地应成为保障舰队在海上实施进攻作战的根据地。

航母是目前海上的最强力量

获得国家海上力量优势的手段是夺取制海权。夺取制海权的方法是舰队决战和海上封锁。因此，海军在海战中的主要任务是积极进攻以摧毁敌方主力舰队，并进而夺取制海权。海军战略的要素是：集中、中央位置、内线和海上交通线。海战中，应集中使用兵力，避免两面作战，这是海军的基本作战原则和实现战略目的的主要手段。

1609 年，荷兰人雨果·格劳秀斯发表《海洋自由论》，主张海洋不受任何国家控制，所有国家都可以自由利用，奠定了近代海洋自由法则的基础。长期以来，海洋自由法则方便了国际贸易和国际航运，促进了全球经济的发展。同时，也方便了少数海洋大国谋求海洋霸权的需要。

你知道吗

海军实力的衡量标准

海军的实力水平主要靠以下几个方面衡量：一是由国家性质决定；二是由世界形势决定；三是由经济实力决定，先进的大型军舰固然好，但不是每个国家都能承担得起的；四是由海上任务需要决定，如护航、护渔、反海盗、打击走私、反潜等。综合上述情况，舰艇的规模并不是衡量海军实力的唯一标准。

“海权论”促进了海上军事发展

在海洋自由法则的基础上，“海权论”适应了19世纪末20世纪初世界海上强国争夺海上霸权、扩展海外势力和重新瓜分世界的战略需求，因此受到各国的普遍重视和欢迎。1890年，马汉提出“海权论”的第一部著作《海权对历史的影响，1660—1783》，在美国先后再版32次，并几乎被所有欧洲国家翻译出版。

最先接受“海权论”的是英国人。当时，英国正在辩论是否扩充海军的问题，因而该书对英国海军建设和海军战略产生了重要影响。

这部著作对法国海军近百年来海战的失败作了多处评论，因而受到法国人的重视，并称赞其评论客观公正。

德国皇帝威廉二世将“海权论”作为统一后的德国扩充海军的理论依据，并规定马汉的著作为海军学校的教材。

“海权论”创立时，正是日本全力扩充远洋海军的年代，因而受到日本政界和军界的一致推崇。

在俄国，“海权论”早期著作的俄译本被年轻海军军官奉为“经典”，他们主张把“海权论”应用于俄国海军和海上力量建设的观点，受到沙皇的高度赞赏。

美国接受“海权论”作为国家

政策的时间比欧洲稍迟。1896年，罗斯福任海军部次长后，开始全面接受“海权论”，并据此大力发展海军，至1898年美西战争爆发时，美国远洋舰队的实力已经超过西班牙舰队，从而奠定了胜利的基础。战后，美国海军四面出击，先后控制加勒比海，占领波多黎各、菲律宾、夏威夷、威克岛等许多海外领土和领地。1907年，美国海军改变过去一百年来只注重海岸防御和商船袭击的传统战法，建立起太平洋舰队和大西洋舰队，跨进了远洋舰队的时代。此后，美国始终以拥有世界最强大的海军为其建军原则之一，“海权论”成了美国军事思想的重要组成部分。

中国海权争夺史

20世纪20年代末，曾经长期留学日本的国民党元老戴季陶在他的《日本论》中，把日本侵略中国的思路概括为蝎形战略：蝎子的两螯钳向山东半岛和辽东半岛，而尾部指向我国台湾。蝎子能否捕获目标，中日在西太平洋海上的实力对比起了决定性作用，而这一海权争夺已经持续了1400年。

朝鲜—中国—南洋，这是丰臣秀吉为日本制定的“大陆政策”，而从历史上看，中日之间在海权上的争斗严格地依照了这一路线。日本出兵朝鲜，朝鲜向宗主国中国求援，中日海战的规律从唐至清。

唐代海船模型

公元663年，中日之间第一次战争也是第一次海战爆发。当时朝鲜半岛、新罗、百济等国混战。唐高宗应新罗王的请求，出兵帮助新罗打败了百济。而一直支持百济的日本天智天皇命人护送百济王子回国重建百济。这是日本第一次试图在朝鲜半岛扶持亲日政权。

当时日军有战船400余艘，唐军仅百余艘，因此盲目自大的日军便在白江口“率日本乱伍中军之卒，进打大唐坚阵之军”，双方展开了激烈海战，最后以日军溃败而告终。这一败使得天智天皇向唐朝臣服，近千年不敢动兵，开始以中国为师，谋求自强。

800多年前，元朝建立，志得意满的忽必烈得悉日本幕府拒绝与元朝通好后，盛怒之下在1273年和1280年两次发动对日战争。但元朝海军每次都为台风所阻，无功而返，伤亡惨重，《元史》记载：江南大军“十万之众，得还者仅三人耳”。

忽必烈死后300多年，即1591年，明朝政府接连得到日本丰臣秀吉正准备对中国开战的消息，但是万历皇帝领导下的明政府除命兵部询问一下朝鲜外，只向沿海哨卡下了道注意海防的命令。

次年，经过认真备战的丰臣秀吉发动了侵朝战争，只用了2个多月的时间，就占领了汉城、开城和平壤，迫使中国参战。1598年，中朝两国水师同日军在朝鲜半岛露梁以西海域进行了一场大规模海战。朝鲜将领李舜臣依靠自己独创的“龟船”打败了日军，保证了此后朝鲜半岛200年的和平。值得注意的是，目前一些学者认为，当时中国海军在战术意识、军队素质上已经出现了落后于日本的势头，日军的败退实际上与其后勤运输困难有直接关系。从唐到明，虽然中国的海上力量仍可在东亚称雄，但是两国之间的实力差距却越来越小。而此时，东亚地区在军事装备上也已经落后于整个世界。

长期以来，日本和中国都对西方采取闭门不纳的态度。1840年，鸦片战争打开了中国的大门。13年后，美国人佩里率4艘军舰在横须贺登陆，迫使德川幕府同意开放。此后，中日两国分别出现了现代海防意识的萌芽。但是日本作为海洋国家，对海洋的重视远远超过中国。魏源的《海国图志》在中国并没有引起太大的实际反响，但翻译到日本却大受欢迎，很多建议被政府采纳。

李鸿章一手创办了中国近代海军

1874年，日本舰队以琉球船民事件为由，入侵台湾，这是近代中日双方的第一次正面冲突。这使中国政府大为震动，发起了一场沿海沿江各省督抚、亲郡王、大学士、六部九卿参加的“海防大讨论”，决定派李鸿章和沈葆桢分别督办北洋、南洋海防事宜。中日当时互相以对方为假想敌，在东亚展开了一场海军军备竞赛。其间中国北洋海军曾总吨位超过4万吨，号称“远东第一，世界第十”，使日本一直不敢贸然行动。

可惜清政府终被自身的腐朽而葬送。1886年，正当中国挪用海军军费重修颐和园时，日本政府发行海军公债1700万日元，用于建造“三景舰”以对付中国的定远、镇远两舰。1887年《征讨清国策》出笼，主张在5年内完成对中国的战争准备，天皇拨皇室经费30万日元用于扩充海军。随着扩军计划的完成，中日海军力量差距逐渐缩小。1894年5月，李鸿章校阅北洋海军后，忧心忡忡地向朝廷提出：“即日本蕞尔小邦，亦能节省经费，岁添巨舰。中国自十四年（指光绪十四年，即1888年）北洋海军开办以来，迄今未添一船，仅能就现有大小二十余艘勤加训练，窃虑后难为继。”奏折才上，甲午战争烽火已经点燃。两个月后，李鸿章苦心经营20年的北洋舰队在黄海全军覆没。

美国外交官何天爵曾经评论说：“中国有一天的钱，就可以买一天海陆军所需要的任何东西。整个文明世界都情愿把武器供给它。但是中国不能在任何市场购买有训练的军官和有纪律的士兵。”中国留学生严复在英国海军学校常常得第一名，当时得第二名的是日本人伊藤博文。1879年，两人各自回到中国与日本。中国政府对严复十分冷淡，只遣来一位小官相迎，让他担任福州船政学堂的一名教员；而伊藤博文回到日本时，日本政府高度重视，天皇亲自前往码头迎接，16年后，他代表日本签订了《马关条约》。

北洋水师的舰船

中国海权意识理念的落后直接导致了近代以来的屈辱局面，据不完全统计，自1840年鸦片战争开始的百余年间，外国从海上入侵中国达84次，甲午海战后，中国50年中再也没有一支像样的海军。1912年12月，孙中山先生在为中华民国第一任海军总司令黄钟瑛亲笔写的挽联中叹道：“伤心问东亚海权。”

1894年冬，日本在甲午战争即将取胜的形势下，于1895年1月1日的内阁会议上决定将钓鱼岛划归冲绳县管辖，并改名为“尖阁群岛”。中日甲午战争后，《马关条约》把台湾全岛及其所有附属各岛屿和澎湖列岛割让给日本。1951年，美、日背着中国签订了《旧金山对日和约》，把日本所窃取的钓鱼岛等岛屿归在美国托管的琉球管辖区内，周恩来总理立刻声明坚决不承认《旧金山对日和约》。

20世纪60年代末，联合国一委员会宣布钓鱼岛附近可能蕴藏着大量的石油和天然气后，日方立即单方面采取行动，先是石油公司前往勘探，接着又派巡防船，擅自将岛上原有的标明这些岛屿属于中国的标记毁掉，换上了标明这些岛屿属于日本冲绳县的界碑，并给钓鱼岛列岛的8个岛屿规定了日本名字。

1996年，日本政府宣布开始实施200海里专属经济区，把中国领土的钓鱼岛也包括在内。日本首相桥本龙太郎曾向海上保安厅、警察厅等有关当局发出“指示”，让他们对“不测事态做好准备”。

而与此同时，日本对中国科考船在钓鱼岛附近海域的活动非常在意。2000年的日本《防卫白皮书》中开始这样写道，中国海军舰船近年频繁出没“日本近海，对日本安全造成威胁”。白皮书中所谓的“日本近海”，包括中国固有领土钓鱼岛附近水域及津轻海峡等国际航道。而白皮书中所谓的“中国海军舰船”，是指“向阳红”号等中国破冰船、

海监船巡航钓鱼岛

中国海洋调查船等船只。日本几乎每次都会从外交渠道对此提出抗议，认为这是中国海洋战略的一部分。

实际上，“新海权论”的主张在日本甚嚣尘上。许多日本学者认为“制海者制世界”，近代的胜利曾使日本民众的海洋民族意识觉醒，但太平洋战争的失败又使日本人的海洋民族意识再度丧失。今后日本民族必将再度把目光投向海洋。目前日本海上自卫队在装备实力上已经可以称霸东亚。2003 年 8 月，日本防卫厅计划耗资 600 亿美元，对海上自卫队的全部 4 艘“宙斯盾”驱逐舰进行改装。改装后的宙斯盾将配备新型雷达系统和弹道导弹防御系统。一些日本媒体称，这一计划的实施意味着“日本舰队将能击败任何周围邻国”。

中国海权的“三大焦点”

1400 年中日海权争夺史，时至今日，仍然还有三大焦点问题引人注目。

1. 焦点之一：台湾

日本与台湾有着千丝万缕的联系。日本在历史上曾经对台湾实行过近半个世纪的殖民统治，至今仍有着浓重的“台湾情结”。随着世界局势的发展和日美同盟的巩固，日本出于战略现实利益的考虑，对台湾问题越来越关切，台湾问题在中日关系中有日益突出之势。台湾问题成为制约中日关系发展的一个不稳定因素。

（1）日本“台湾情结”的历史和现实背景。从历史上看，日本国内一直存在一股亲台势力，这股势力的形成有着很深的历史渊源。在 1943 年开罗会议以及此后讨论天皇地位问题时，蒋介石从反共目的出发，认为废除天皇会在日本引起动乱，日本有被“赤化”的危险，因此坚决主张保留天皇。战争结束后，蒋介石“以德报怨”，对日本战俘和侨民优待有加，顺利将其遣返。对待战犯，蒋介石也从反共目的出发，或从轻发落，或宣布无罪，使大批战犯未受到应有的惩罚。这些都使一部分日本人，特别是右翼分子对蒋介石感恩戴德，对台湾有一种报恩思想，而对中国共产党则怀着刻骨仇恨。中日建交时，这些人就以不能抛弃台湾为由顽固阻挠。他们大肆宣扬日本对台湾的贡献，把台湾的繁荣归功于日本。日本至今仍有些人怀有一种“台湾情结”，还在对台进行着文化和心理渗透，梦想恢复昔日的殖民统治。

我国台湾海军的基德级防空驱逐舰

从国际现实来看，冷战期间，日本需要借助中国的力量与影响对付苏联。苏联解体后，日本自感不再需要像冷战期间那样倚重中国，在台湾问题上对中国的顾忌大为减少。日本国会中亲台团体的力量大增，出现了右倾化趋势。冷战结束后，随着日本走向政治大国的步伐加快，部分右翼舆论开始鼓吹“中国威胁论”，将中国看作日本在亚太地区的竞争对手，将台湾看作是遏制中国的一张王牌。此外，由于台湾位于日本“海上生命线”的咽喉要冲，扼日本南下东南亚、西去欧洲的必经要道，日本每年在这条航线上的运输量达5亿吨左右，其中包括所需石油的90%和核燃料的100%。因此，他们担心中国统一后其海上生命线受制于中国，因此希望中国保持分裂的现状，认为这对日本最为有利。“日美安保同盟”重新定义，矛头也明显指向中国。

（2）中日关系正常化和台湾问题。20世纪50年代和60年代的中日“民间外交”，为两国关系正常化打下了基础。日本政府采取的追随美国、敌视中国的政策也遭到了越来越多的批评。1971年10月，第26届联大通过2758号决议后，日本国内要求实现中日关系正常化的呼声更高了。12月，中日两国备忘录贸易办事处的代表发表会谈公报，日本代表对中国代表提出的“中日复交三原则”表示完全赞同。这三项原则是：中华人民共和国政府是代表中国的唯一合法政府；台湾是中华人民共和国领土不可分割的一部分；日台条约是非法的、无效的，应予废除。

中日建交后，为进一步发展两国的睦邻友好关系，双方相继签署了贸易、航空、航海、渔业等协定。这些协定都充分反映了双方坚持中日两国政府《联合声明》的精神，反对“两个中国”或“一中一台”的立场。1974年，大平外相在双方签署中日航空协定的当天宣布：关于日台航空关系，过去曾经存在的关于航空业务的换文，作为日中邦交正常化的结果已经失效，日本政府采取通过民间协议予以维持的方针；日中航空运输协定是国家间的协定，日台之间只是地区性的民间航空往来；日本政府根据日中两国政府联合声明，自该声明发表之日起，就不承认台湾飞机上的旗帜是所谓国旗；不承认中华航空公司(台湾)是代表国家的航空公司。

由于日本在台湾有着重要的经济利益，而且日本政界有一股相当强大的亲台势力，1972 年 12 月，日台双方互设机构，台湾成立了“亚东关系协会”，日本成立“交流协会”，以非官方形式继续保持联系。双方经济联系在原有的基础上继续加强，日本逐渐超过美国成为台湾的最大投资者，甚至有人说，台湾经济仍是“日本的半殖民地”。

(3)冷战后的中日关系与台湾问题。20 世纪 90 年代中后期以来，

如今台湾经济与大陆越来越密切

日本对台湾问题的关注程度进一步增加，要求中国政府放弃武力解决台湾问题的呼声进一步加大。1995 年 11 月，日本安全保障会议通过新《防卫计划大纲》。1996 年 4 月，美日政府签署《日美安全保障联合宣言》。1997 年 9 月，日美公布新《日美防卫合作指针》，规定一旦发生影响日本安全的“周边事态”，日本将以向美军提供“后方支援”的形式，与美国共同介入，并强调“周边事态”不是地理概念，需根据事态的性质加以确定。1999 年 5 月，日本国会正式通过了《周边事态措施法》、《自卫队法》及《日美相互提供物资与劳务协定》修正案等三法案，为新《日美防卫合作指针》的落实提供法律框架。在这些法案中，日本政府列举了六种“周边事态”，其中包括“日本周边即将爆发武力冲突”，“某国发生内乱或内战并扩大到国际范围，不再是单纯的国内问题”等，显然是准备在台湾海峡有事时，进行武力干涉。

2. 焦点之二：海域划界

中日之间存在争议的海域面积相当于 3 个浙江省。中日海域划界争端的历史由来已久。

由于东海最宽处仅为 360 海里，中日两国在划定各自 200 海里

专属经济区时无法避免地出现重叠。1982 年 4 月 16 日，日本驻华使馆向中国外交部递交了一份地图，这是日本第一次明确提出中日两国之间海域应当依据“中间线”原则划分。而这与中国所主张的依据“自然延伸”原则所划定的我方范围，差距甚大。

中方一直主张，中国大陆架的自然延伸部分被中日之间的冲绳海槽切断，理应以此作为中日之间海洋的分界处。与其他焦点相比，海洋划界争端在中日海权之争中似乎很难以瞬间掀起狂风巨浪，而是一个在“一二十年都很难解决”的问题。

3. 焦点之三：钓鱼岛

无论是按照国际惯例、国际法，还是地形地貌，日本提出的海洋划界理由都很难成立。而众所周知的钓鱼岛争端也是如此，连有些日本学者也自知理亏。在一次中日学者学术研讨会上，一位日本教授讲，钓鱼岛处于日本实际控制下，这种控制具有时效性。而中国学者则认为：日本在钓鱼岛问题上不存在时效，并将每一个历史阶段为什么说日本不构成时效的原因一一列举。

既然理亏，为什么日本还要拼命争夺呢？一言以蔽之：海底蕴藏着石油资源。目前处于中日争议地区，已经探明有石油资源的地区主要有两大块，一部分在“西湖凹陷”地区；一部分在钓鱼岛群岛附近。1974 年 1 月，日本与韩国签署了所谓“共同开发大陆架协定”。该项协定在东海海域划了大面积的大陆架，作为日本和韩国所谓的“共同开发区”，但日本始终没什么收获。在得知中国在该共同开发区附近钻出石油以后，日本石油集团于 1988 年 6 月 3 日到 8 日访华时，也提出与中国建立“共同开发区”。日本人当时这一举动有双重含义，一是

钓鱼岛

意图在石油资源方面与中国分一杯羹；二是由于这一开发区正好跨越“中间线”，如果中国接受这一建议，等于间接承认了日本的“中间线”原则。

历史总归留有遗憾，但现在的人可以从另外的角度去看待这一问题。目前打破“久拖不决”的状态未必对中国有利。因为毕竟“拖”的状态并不影响我们对该海域资源的开采；而打破“拖”的状态反而可能使我国东部沿海面临“岛链封锁”的困境。

石油资源是钓鱼岛大热的原因

海军发展简史

1. 木质桨帆战船时代的海军

古代埃及、腓尼基、中国、希腊是世界造船和航海的发源地。最早的战船于公元前1200多年出现于埃及、腓尼基和希腊，主要用桨划行，有时辅以风帆。中国造船技术在历史上一度处于领先地位，在春秋战国时期（公元前770～前221年）已建造用于水战的大型战船。公元前5世纪，地中海国家已建立海上舰队，有双层和三层桨战船，首柱下端有船首冲角。在历史上著名的布匿战争（公元前264～前146年）中，罗马舰队就是用这种战船击溃了海上强国迦太基，建立了在地中海的海上霸权。

中国在三国时期（220～280年），有三四层高的“楼船”以及“艨艟”、“走舸”、“赤马”等多种船型，并且已有风帆战船；在南北朝时期还发明了车船（亦称车轮船、轮桨船），以脚踏木轮推进。公元11世纪，中国已将指南针用于航海。唐、宋时期（618～1279年）使用了水密隔舱和减摇舭骨，木质舰船建造技术已达到比较成熟的阶段。15世纪，中国舰船已成为世界上最大、适航性最好的船舶。郑和率领当时世界上最大的船队七下西洋，已能综合使用陆标导航、罗经指向、天文定位、计程、计时等技术。15～16世纪，西方帆船舰队的发展，以及帆装和驶帆等技术的日趋完善，对于新航路的开辟及殖民地的掠夺

罗马战船

和开发起了推动作用。

古代生产力低下，科学技术不发达，海军技术发展缓慢，木质桨帆战船一直延续几千年，船上战斗人员主要使用刀、矛、箭、戟、弩炮投掷器和早期的火器等进行交战。

你知道吗

古代战船

古代战船包括桨帆战船和风帆战船两类。未装备火炮以前的战船大多为桨帆战船，其船体结构为木质，船型较瘦长，吃水较浅，干舷较低，主要靠人力划桨摇橹推进，顺风时辅以风帆；早期装备冷兵器，后期开始装备燃烧性火器；作战方法为撞击战和接舷战，一般只适于在内河、湖泊和近岸海域航行作战。

2. 机器动力钢铁战舰时代的海军

18 世纪，蒸汽机的发明以及冶金、机械和燃料工业的发展，使得造船的材料、动力装置、武器装备和建造工艺发生了根本变革，为近代海军技术奠定了物质基础。军舰开始采用蒸汽机主动力装置，其机动性能和舰炮威力比风帆战舰大为提高。

19 世纪 30 年代，发明了螺旋桨推进器。1849 年，法国建成第一艘螺旋桨推进的蒸汽战列舰——“拿破仑”号。此后，法国、英国、俄罗斯等国海军都装备蒸汽舰。60 年代出现鱼雷后，随即出现装备鱼雷的小型舰艇。70 年代，许多国家的海军从帆船舰队向蒸汽舰队的过渡已基本完成，海军的组织体制、指挥体制进一步完善，军舰日益向增大排水量、提高机动性能、增强舰炮攻击力和加强装甲防护的方向发展，装甲舰尤其是由战列舰和巡洋舰组成的主力舰，成为舰队的骨干力量。

20 世纪初，柴油机—电动机双推进系统潜艇研制成功，使潜艇具

战列舰一度是海上霸主

备一定的实战能力。英国海军装备“无畏”级战列舰和巡洋舰以后，海军发展进入“巨舰大炮”时代。1914年第一次世界大战爆发时，各主要参战国海军共拥有主力舰150余艘，装备鱼雷的小型舰艇成为具有可以击毁大型战舰的轻型海军兵力。20世纪20年代，海军有了第一批航空母舰和舰载航空兵，岸基航空兵也得到发展，海军航空兵成为争夺海洋制空权的主要兵种。至此，海军已发展成为由多兵种组成的，能进行立体作战和协同作战的军种。

3. 第二次世界大战时期的海军

第二次世界大战期间，由于造船焊接工艺的广泛应用、分段建造技术和机械、设备的标准化，快速、批量地建造舰艇得到了保证。舰载机的研制和使用技术日趋成熟，飞机投弹命中概率得以提高，鱼雷攻击的技术也得到了解决，其攻击效果超过重型舰炮。同时，舰载航空兵、航空母舰和潜艇也有了迅速发展。

交战双方主要海军国家拥有航空母舰总数，由战前的近30艘发展到140余艘，潜艇由350艘发展到1500余艘，它们成为海军的主要突击兵力。战列舰和巡洋舰逐渐失去主力舰的地位。在海战中，舰载航空兵和潜艇显示出强大的突击威力，航空母舰编队或航空母舰编队群的机动作战、潜艇战和反潜艇战成为海战的主要形式。磁控管等电子元器件、微波技术、模拟计算机等关键技术相继突破，出现了舰艇雷达、机电式指挥仪等新装备，形成舰炮系统，使水面舰艇攻防能力大为提高。潜艇对水面舰艇和海上交通线的严重威胁，推动了声呐和鱼雷、深水炸弹等反潜武器的发展。对海洋环境中目标所具有的磁性、水压、光电、音响、温度等特定物理场的研究，促进了潜艇、反潜舰艇、反水雷舰艇、水中武器和水中探测设备的发展，出现了各型勤务舰船和登陆作战舰艇，加强了海军基地作战指挥、海岸防御、舰艇和飞机驻泊、勤务保障、装备修理等体系的建设，所需的各种技术也逐步形成许多新的分支学科。

4. 现代海军

20世纪五六十年代以来，人类进入了核时代，核导弹、核鱼雷、核水雷、核深水炸弹相继出现，潜艇、航空母舰和巡洋舰向核动力化发展。喷气式超音速海军飞机搭载航空母舰之后，垂直／短距起落飞机、直升机等又相继装舰，使大、中型舰艇普遍具有海空立体作战能力。潜射弹道导弹、中远程巡航导弹、反舰导弹、反潜导弹、舰空导弹、自导鱼雷、制导炮弹等一系列精确制导武器装备海军，进一步增强了现代海军的攻防作战、有限威慑和反威慑的能力。

战略核潜艇——海上的核威慑力量

20世纪70年代以后，军用卫星、电子信息技术等广泛应用，使现代海军武器装备正逐步实现电子化、自动化、系统化，并向智能化方向发展，使海军技术发展成为高度综合的技术体系。

20世纪90年代，世界上拥有海军的国家和地区有100多个，海洋经济开发牵动各国利益，由此引发的国际海洋斗争日趋激烈。濒海国家都非常重视海军的建设和发展，不断运用科学技术新成果，发展海军新武器、新装备，提高协同指挥水平和快速反应、超视距作战能力。海军大国则更注重核动力舰艇、舰载航空兵和具有核进攻能力部队发展，强调各兵种协调配备、舰种及支援保障勤务部队的均衡发展，以增强战略袭击能力和在海洋上机动作战、夺取制海权的能力，提高濒海地区攻防作战能力和应急快速部署能力。

5. 中国海军

中国人民解放军海军是担负海上作战任务的军种，由舰艇部队、潜艇部队、航空兵部队、海军陆战队、岸防兵部队、后勤部队等组成。

中国海军诞生于1949年4月23日，当时华东军区海军领导机构在白马庙乡成立，张爱萍任司令员兼政委。1989年，中央军委批准确定这一天为人民海军诞生日。1950年4月14日，中国人民解放军海军领导机关在北京成立，萧劲光任司令员，后相继组建了东海舰队、南海舰队和北海舰队。从1978年开始，人民海军进入现代化建设的新时期。以邓小平同志为核心的党的第二代领导集体提出“建立一支强大的具有现代战斗能力的海军”的指导精神，领导我国海军建设完成了战略性的转变。1995年起，以江泽民同志为核心的党的第三代领导集体进

我国现代海军编队

一步为新时期的海军建设指明了方向，使海军的现代化建设进入一个新的发展时期。

人民海军成立以来，在保卫祖国万里海疆，维护国家统一和安全任务中发挥了重要作用，在新中国成立初期完成了解放沿海岛屿的神圣使命，相继取得了万山群岛战役、一江山岛战役、“八六”海战、西沙自卫反击战、赤瓜礁海战等100余次战斗的胜利。此外，在支援国家经济建设和支持国家海洋事业发展中也起到了重要作用。

海军的兵种分类

海军是以舰艇部队为主体在海洋上进行作战的军种，是国家对海上军事和防御的全部军事组织，包括船只、人员和机构。通常由水面舰艇部队、潜艇部队、海军航空兵、海军岸防兵和海军陆战队等兵种及专业人员组成。主要装备作战舰艇、辅助舰船和飞机，配备导弹、火炮、水中武器、战斗车辆等。可独立或协同其他军种，进行海洋上机动消灭敌方舰艇部队，袭击敌方基地、港口和陆上重要目标，保护己方海上交通线和破坏敌方海上交通线，封锁、反封锁，登陆、抗登陆，保护己方海上资源等作战任务。一般具有在水面、水下、空中及对岸上实施攻防作战的能力，有的还具有实施战略袭击的能力。

沿海国家为了在海洋上实施防御、进攻、控制或争霸，普遍重视海军建设，只是性质和规模有所不同，有的具有远洋作战能力，有的只具有近海作战能力。

1. 水面舰艇部队

水面舰艇是现代海军兵力中类型最多、任务最重的一个最大的家族，根据执行战斗任务性质的不同，它通常还划分为战斗舰艇和勤务船两大类。作为战斗舰艇一般都具有对海、对空、对潜、对水雷的作战能力。而对勤务舰船来说，一般具有它们各自完成任务所需要的一些特殊装备，但总体上武器装备较弱。根据战斗舰艇和勤务舰船执行主要任务的不同，又将舰艇划分为不同的舰种，在战斗舰艇类中，通常将排水量大于500吨的称为舰，将小于500吨的称为艇。

我国022导弹快艇

水面战斗舰艇通常包括航空母舰、巡洋舰、驱逐舰、护卫舰、导弹和鱼雷快艇、登陆舰、猎潜艇、扫雷舰等。随着高技术的发展和现代作战需求，现代舰船正向着多用途、多功能方向发展。

水面舰艇是海军区别于其他军种的重要标志之一。它无论在海军的协同作战中，还是在单兵种作战中均可执行各种作战任务。它既能够消灭敌舰艇、歼灭敌海上有生力量，又能够实施对岸作战，压制破坏敌方岸上目标，输送登陆兵在敌方岸上登陆；还能够用于反潜、防空、布雷、扫雷、侦察、巡逻、警戒、护航、救生和运送人员物资等。

你知道吗

军舰上的兵种分类

军舰上的水兵分类很多很细，主要有：操舵兵、电航兵、枪炮兵、枪炮指挥仪兵、弹药兵、测距兵、导弹指挥仪兵、导弹发射兵、鱼雷兵、水雷兵、扫雷兵、声磁兵、遥控兵、反潜指挥兵、信号兵、报务兵、雷达兵、声呐兵、主机兵、副机兵、电工兵、锅炉兵、空调兵、核动力兵、防化兵、帆缆兵、军械兵、气象兵等。

现代舰艇自动化程度越来越高，人员编制相对减少，水兵的分类也不再这么详细。

2. 海军航空兵

海军航空兵的主体是舰载作战飞机，其他部分为支援性飞机、陆基作战飞机、海上搜索与救援飞机、教练机等。

海军航空兵既是海军的一支主要突击力量，又是海军的一支重要保障力量。其作用有：在海上完成消灭敌水面舰艇的任务；布设水雷障碍；实施航空反潜；掩护海军兵力的战斗行动；参与沿海要地防空，保障海军基地和沿海重要目标的安全；实施航空侦察；袭击敌方海军基地、港口等岸上目标；担任空中警戒、空中支援和空中运输等任务。“海湾战争”和“科索沃战争”使人们深深体会到：现代战争没有制空权就没有制海权，要夺取海上作战的主动权，就必须夺取和保持制空权。海军航空兵是夺取战区制空权的主要战斗兵力，在现代海战中，航空兵对战斗的胜负，往往可以起到关键性的作用。

美国海军陆战队队员

3. 潜艇部队

潜艇部队是海军的一个主要兵种，是海军一支重要的水下突击力量。它经常处于水下活动，可根据任务的需要处于水上状态、半潜状态和水下状态等。此外还有两种特殊状态，即潜坐海底和潜坐液体海底（就是潜艇坐在比重较大的水层上）。潜艇按排水量可以区分为大型潜艇（2000 吨以上）、中型潜艇（1000 ~ 2000 吨）、小型潜艇（1000 吨以下）以及袖珍潜艇（几吨到几十吨不等）。潜艇又可以按动力装置区分为核动力潜艇和常规动力潜艇。如果按武器装备还可以分为鱼雷潜艇和导弹潜艇，其中导弹潜艇又可分为弹道导弹潜艇和飞航式导弹潜艇。

潜艇是海军的主要作战兵力之一。它在实际战斗中可用于消灭敌方运输舰船；消灭大、中型战斗舰艇；袭击敌岸上重要目标；实施侦察；担负反潜作战、布雷和执行特种任务。当然战略潜艇还可以对敌方的战略目标实施核打击。

4. 海军陆战队

海军陆战队是海军中担负登陆作战任务的兵种。通常编为师（旅）、团、营和特别任务分队，由陆战步兵、炮兵、装甲兵、工程兵、通信、侦察等分队编成。装备步兵自动武器、水陆坦克、两栖装甲输送车、轻便自行火炮、气垫船和直升机等。具有机动性强、反应快的特点和独立作战的能力，被誉为“抢滩先锋”。主要任务是独立或配合陆军担任先遣队实施登陆，夺取并巩固登陆点和登陆场，保障后续梯队登陆，也能担负海岸防御等任务。美、英等国的海军陆战队还时常派出分遣队随舰队或海上编队活动，以便随时投入海外作战行动。早在古代，早已出现了随船行动的步兵，起初主要用于进行接舷战和担任警卫任务，后来主要用于登陆作战。15 ~ 16 世纪，一些国家为了向海外扩张，建立了经过专门训练的登陆作战部队。1664 年，英国军队首先建立海军陆战队。此后，俄、葡萄牙、法、西班牙、美等国军队也组建海军陆战队。第二次世界大战期间，海军陆战队得到更大发展，在登陆作战中发挥了重要作用。20 世纪 80 年代初，美国海军陆战队共编 3 个师、1 个旅部、3 个航空联队，近 20 万人；俄罗斯海军陆战队共编 5 个团，约 1.2 万人。

目前，世界上约有 50 个国家拥有海军陆战队，但要数美、俄、英、法、西班牙等国的海军陆战队历史最长，西班牙在 1537 年就组建了海军陆战队，并立即与海军协同作战；英国是在 1664 年组织有 1200 名步兵参加的皇家舰队；俄国在 1705 年组建了一个有 45 名军官和 1320 名士兵的海军步兵团，被派到波罗的海舰队服役。美国是根据 1775 年在费城举行的第 2 届北美大陆会议的决定，建立了 2 个营的海军陆战队。法国组织的出现稍晚，也称海军步兵师。

海军陆战队出现后，尽管名称不一或对它的使用观点不同，但在历次战争中都发挥了重要作用，如英国皇家海军陆战队几乎参加了英国卷入的所有海上战役和许多陆上战役。美国海军陆战队在第二次世界大战中发展到了顶峰，在太平洋战役中发挥了巨大作用。

5. 海军岸防兵

海军岸防兵是海军中部署在沿海重要地段，以火力参加沿岸防御作战的兵种。由海岸炮兵部队和海岸导弹部队组成，通常编有独立团、营，有的国家设有岸防司令部。装备大、中口径的海岸炮和不同射程的岸舰导弹武器系统，被誉为“岸基后盾”。主要任务是保卫基地、港口和沿海重要地段，消灭敌方舰船，封锁海峡、航道，掩护近岸海区的交通线和舰船，支援海岸、岛屿守备部队作战。

早在公元前，有些濒海国家已有岸防设施和兵力。14 ~ 15 世纪，岸防兵随着配备岸防火炮的濒海要塞的出现而开始形成。18 世纪以后，许多国家先后将岸防兵列入海军系统。

6. 海上编队

海上编队由两艘以上舰艇或两个以上舰艇战术群组成的兵力编组构成。按任务可分为机动编队、登陆编队、护航编队、勤务编队和特种编队等；按舰种可分为航空母舰编队、战列舰编队、巡洋舰编队、驱逐舰编队、潜艇编队、导弹艇编队和勤务舰船编队等。现代条件下，舰艇编队主要用于在局部海区独立地遂行战斗任务或与其他兵力共同遂行任务，在海洋战区的重要方向上独立地或在陆军、空军的协同下遂行战役任务，海上运输补给、航海保障、防险救生、工程作业等任务以及海上科学试验、对外友好访问等特殊任务。

海上编队的兵力构成是随着舰艇及其武器装备和海战样式的发展而变化的。第一次世界大战前，海战主要以舰队决战的样式进行，且执行任务较单一，海上编队多为同类型舰船编成。

第二次世界大战时，由于海战规模扩大，海军航空兵和潜艇成为海上重要的突击兵力，航空母舰取代战列舰成为编队的核心，对岸作战和反潜作战任务增多，一些国家海军采取按任务需要编组各种不同使命和规模的海上编队。

随着海军武器装备的不断改进，海上编队将向多功能方向发展，

航母编队

进行任务更为广泛，作战能力不断提高。

7. 旗舰

旗舰是指专门用于海上作战指挥的舰艇，亦称指挥舰，是“海上编队的司令部”。有专门建造的舰队指挥舰、两栖指挥舰和由其他舰只改装的指挥舰，亦可指派由战术技术性能优良，观察、通信设备比较完善的舰艇充当指挥舰。通常配置在便于掌握情况，能有效地组织防御和有利于稳定指挥的位置。20世纪40年代以前的海战，指挥员在旗舰上实施指挥，没有专门设计建造的指挥舰。在第二次世界大战中，随着海军兵力兵器的发展，潜艇和航空兵大量参战，海战规模及空间范围的扩大，无线电的广泛应用，使指挥舰作为一个新的舰种应运而生。1942年，英国海军首次将一艘商船改装成指挥舰；随后，美国海军把“阿加斯托”巡洋舰加装无线电舱室和人员住舱兼作指挥舰。第二次世界大战后，为适应现代海战指挥的需要，一些国家海军专门设计建造舰队指挥舰和两栖指挥舰，并将编队旗舰改装成指挥舰。现代指挥舰，通常装备有指挥自动化系统和完善的通信设备，能掌握广阔海区的情况，指挥控制所属舰艇、飞机的作战行动；装备有必要的防空、防潜武器，并具有良好的适航性能和相应的工作、生活设施。例如，美国第七舰队指挥舰“蓝岭”，装备的指挥自动化系统，包括战术数据处理系统和综合通信系统，上连太平洋舰队指挥中心，下连所属编队分系统，可实时进行海上作战指挥。

第九章
中国海军的发展历程

中国海军成立至今已历经漫长的历程，最初它只是一支仅能满足近岸防御型海军，然后逐步西方化发展成为了一支近海防御型海军，再经过新世纪大发展后，成为了一支初具远洋海军雏形的海上力量。多年的发展变迁也见证了中国这个传统陆权国到海权国的转变过程。

古代中国的海洋之路

以炎黄为始祖的华夏民族，自久远的上古年代起，就繁衍生息在欧亚大陆板块的东端。源远流长的黄河，温和湿润的气候，肥美的沃土和丰饶的物产，构成无比优越的自然条件，使华夏民族创造了享誉世界的璀璨文明。世人往往瞩目于中国的黄河文明，事实上，从上古时代起，中华民族就向海洋迈出了勇敢探求的脚步，在蔚蓝色的海洋文明中写下了不朽的诗篇。

让我们依循历史发展的时间表，对我们祖先在蔚蓝色海洋上留下的航迹，作一个简明的追寻。

战国船只

殷商末期，周武王设有“苍兕”官职，专门负责管理舟楫事务。春秋时期（公元前770～前476年），出现了专门进行水上战斗任务的部队——舟师，即古代海军。濒海临江的吴、越、齐、楚等各大诸侯国的造船业已较发达，能制造“大翼”、“中翼”、“小翼”、“突冒”、“楼船”、“桥船”等系列型制战船，还出现了专门供国君乘用的座舰“艅艎”。拥有上述战船的舟师，可以编成类似今天的“特混舰队”，征战于海上。公元前485年，吴国国王夫差派遣徐承领一支舟师从长江口浩浩荡荡沿海北上，远航奔袭位于山东半岛的齐国。齐国出动庞大的舟师，出航至黄海海面截击吴国舟师，将其击败。这次吴齐黄海大海战，比希波战争的萨拉米斯还早5年。它表明古老的中国是世界古代海军及海战的发祥地之一。

你知道吗

我国最早的舟师海战

公元前549年，楚国派舟师攻打吴国，这是我国史籍明确记载的最早水战。公元前485年，吴国派大夫徐承，率舟师进攻山东半岛的齐国，从长江口出海北上，齐国则在中途拦截，双方在黄海展开了一场激烈的海战。

当然，由于对大自然的认识受到时代的限制，我们的祖先曾一度对浩瀚的蔚蓝色海洋充满幻想，对海洋的描述带有浓郁的神秘色彩。司马迁的名著《史记》就记述了秦始皇为寻求长生不老之药，派遣方士徐福率领一支载满童男童女的船队，出海去寻“蓬莱”、“方丈”和“瀛洲”三神山，结果未能如愿的历史故事。自然知识的贫乏固然容易使人们对海洋变幻莫测的景象产生迷惑和幻想，但它另一方面却激发起人们探索海洋奥秘的高度热情。在这种探索热情的激励下，我们的祖先在无垠的大海上划下了更远更长的航迹。

秦王朝之后的汉王朝，拥有居世界首位的造船业，能制造出高大雄壮的“百尺楼船”和轻捷快速的“艨艟”等战船，使战船的型制进一步系列化。汉武帝任命过“楼船将军”、“戈船将军”、“横海将军”和“下濑将军”等，使楼船军具备相对稳定独立的组织指挥体系，成为中国古代军队的一大军种。中国使用风帆战船的时间，比西欧至少早七八个世纪。三国时期的吴国就拥有以风帆为主的5000艘战船，并建造了世界上最早的船坞。吴国发达的船业促进了航海业的发展，吴国使臣奉派远航至东南亚。公元320年，孙权派卫温将军统率万人船队远航到了台湾。

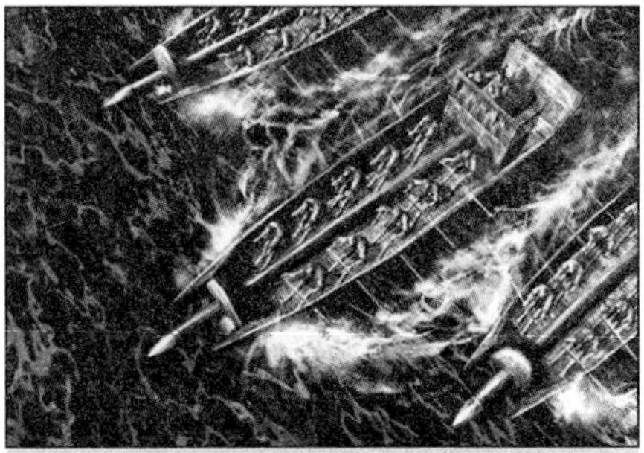

艨艟战阵

唐宋时期，中国的造船业发展到一个崭新的高度，不仅制造出大型的“五牙”战船，而且创造性地制造出操作方便、航驶快捷的“车船”，成为近代明轮船的雏形。舵的制造和使用技术的成熟，特别是众所周知的指南针被应用于航海，使这一时期我国的航海业兴旺发达，开辟了世界上最远的航线。唐朝组建庞大水师，数次越海东征高丽。宋王朝则组建有18支禁军水军和10支厢兵水军以及巡海水军，对于抗击金军南渡和稳定南宋的偏安局面，起到了非常重要的作用。而唐宋两朝，又都以浩大气势着力倡导海上对外商贸关系，均在有关口岸设置了“市舶司”等类似海关的机构，向外部世界敞开了国门。一时间，中国的口岸和对外航线上千帆穿梭，盛况空前。开放的国门涌入了外来的经济文化，促使中国在唐朝成为当时世界上最大的拥有高度经济文化的统一文明大国，并对外部世界开始有所了解。宋代赵汝适的著作《诸蕃志》便是这种开放国门眼光向外的时代产物。而唐宋之后的元朝，伴随其浩大的军事征服行动，其与世界的交往更是达到历史的高潮，“梯航毕达，海宇会同”。元代汪大渊所著《岛夷志略》，历史地记述了大元王朝海外交往的盛势，当时直接或间接与中国发生关系的亚非国家已达百余个，为中国的进一步发展繁荣，提供了良好的条件。

1368年，元王朝的残暴统治被元末农民起义军彻底推翻。以朱元璋为首的大明王朝封建统治者采取一系列有效措施，使社会经济得到恢复和繁荣。15世纪初即位登基的明成祖永乐皇帝朱棣继续大力推行开放国策，“锐意通四夷”，一心要在其有生之年建成一个前世未有的天下太平、万国咸宾的隆盛之世。1405～1433年，郑和作为永乐皇帝的使臣，率领庞大的宝船队，以“自强不息，协和万邦”的精神，先后7次扬帆远涉重洋，访问了东南亚、印度洋、红海及非洲东海岸马达加斯加等37个国家和地区，在人类迈向海洋的庄严史诗中谱写了空前辉煌的篇章。

在“洪涛接天，巨浪如山”的汪洋大海上，由数万人和百余艘船组成的郑和远航船队向世人展示了一幅幅“云帆高张，昼夜星驰，涉彼狂澜，若履通衢”的壮丽画卷。这幅摄人心魄的壮丽画卷，不仅充溢着中华民族勇于探索海洋征服海洋的顽强不息精神，而且包含着闪耀中华民族聪明才智光辉的堪称世界之最的高超航海技术和杰出的航海能力。宝船最大排水量达1.48万吨，可载重7000吨，九桅十二帆，行驶在万顷碧波之中蔚为壮观。1414年，郑和船队第四次出航驶越印度洋，是世界上有史籍记载的首次跨洋航行，比哥伦布的大西洋之行早78年。当时绘制使用的《郑和航海图》不仅是我国最早的不依赖航路说明而能独立指导航海的地图，而且是世界上现存最早的一部航海图集。郑和船队采用的“罗盘定向”和“牵星过洋”等航海技术，开天文导航之先河，表明当时中国的航海技术处于世界领先地位。毫无疑

郑和宝船模型

问，郑和船队七下西洋的航海壮举，是中华民族数千年以来勇于征服海洋的传统精神和创造力的结晶，是中华民族善于征服海洋的真实历史写照。

郑和七下西洋的壮举，是世界地理大发现的先导。15 世纪是人类历史开天辟地的伟大世纪，在古老的东方，中国和伊斯兰世界的封建社会，开始进入全盛时期；而西方世界则刚刚从“黑暗的中世纪”中挣脱出来，开始奔向资本主义的崭新时代。郑和船队七下西洋的规模与持续时间均大大超出西方世界众所周知的事实；而作为世界地理大发现之先导，郑和下西洋的杰出航海成就对于西方航海探险家们的实际引导，常常令世人淡忘。从 15 世纪初开始，太平洋西岸的中国和大西洋东岸的葡萄牙不约而同地分别进行向西、向东方向的航海活动。1415 年，葡萄牙人占据了非洲西北角的休达地区，建立基地准备南航。但是，当时欧洲航海界对于沿非洲西岸南航持重重疑虑，多数航海家认为赤道附近的海水是滚滚鼎沸的，因此长期游弋于非洲西海岸而不敢南航。直到 1417 年，葡萄牙航海家才心惊肉跳地慢慢驶抵几内亚，但未敢跨越赤道。而英勇无畏的郑和船队早在 1418 年就不仅越过了赤道，而且南航驶抵非洲东海岸南纬 3°的麻林。郑和的远航，比哥伦布出发去美洲新大陆早 87 年，比达·伽马出发绕过非洲好望角早 92 年，比麦哲伦出发环球航行早 114 年，是当之无愧的地理大发现的先驱。

郑和七下西洋的壮举，具有远远超出航海范畴的广泛而深远的影响。毫无疑问，郑和是那个时代的巨人，巨人的身后是一个繁荣强盛无以匹敌的伟大国家。巨人的举止及其影响，与这个强盛国家的伟大形象是密不可分的。郑和不仅是一位杰出的航海家，还是一位很有见地的外交家和友好和平使者，他不仅开通建立了亚非海上交通网，而且将伟大中国的文明教化和尊威传播到遥远的西洋各国，舶去了中华民族的友好、文明和进步。郑和远航西洋，还极大地促进了中华民族对外部世界的了解和认识以及对外国优秀经济文化成果的学习引进。郑和随员编著的《瀛涯胜览》、《星槎胜览》和《西洋番国志》等，真实地述录了海外各国的社会概貌、风俗人情、山川道路和经济文化生活等情况。描述郑和七下西洋事迹的《西洋记》对后世中国社会产生了重大而深刻的影响，鲁迅先生称其影响波及近代中国反抗外敌入侵的义和团运动。郑和的远航，还极

五牙战船

大推动了华侨在南洋的开发，直到今天，郑和仍被当年华侨的后裔们奉为圣贤。今天，在当时郑和船队航经之地，人们可随处寻觅到这位伟人的踪迹，感受到伟人无声的巨大影响。

在郑和船队斗风搏浪于西洋波涛的时代，大明王朝还积极致力于水师与海防建设事业。在沿海设置有 99 个卫和 140 个所；在要地设置有 48 个水寨充作水师的基地，各配置 50 ~ 100 艘战船，在长江下游还另设有 2 支水师。明朝初期至中期，是其海上武装力量发展的鼎盛时期，全国水师共计拥有战船一千数百艘，分布于万里海岸线，形成了中国最早的海防体系。

16 世纪中叶，杰出的军事家戚继光和俞大猷等一批骁将指挥水军纵横驰骋于山东、江苏、浙江、福建和广东等地的万里海疆，在波涛汹涌的大海上创造了海上长途奔袭、分进合击等战略战术，剿平了嚣张四扰的倭寇。16 世纪末，在应朝鲜国王请求援助其对日作战的战争中，明朝水军与朝鲜水军密切协同，在露梁海域一举全歼了由 500 余艘战船组成的日军舰队，成为载入世界海战史册的帆船舰队在远东海域的一次大规模的海上歼灭战。1662 年，民族英雄郑成功率舰队渡海东征，从以“海上马车夫”著称的荷兰侵略者手中收复了台湾。一部古代中国的文明史，与中华民族对广阔海洋的不懈探索和勇敢征服是紧密联系在一起的。

中国本不乏哥伦布。在人类开始走向海洋的相当一段时期内，中华民族的海上力量和航海事业就雄居世界前列，海权意识已闪耀在我们祖先英勇的海上征服行动中。

闭关锁国，落后于西方

有一位曾在英国牛津大学长期致力于海洋历史文化研究的外国朋友威廉姆斯，用他政治家（特立尼达和多巴哥总理）和历史学家（牛津大学博士）兼容的眼光，对中国历史发表过这样一段论说：要是郑和的远洋事业能够继续下去，进而到达美洲大陆，其影响所及，会把世界历史推进到一个新的方向。

这毕竟是一种推理和假设。无情的历史事实是，中国的郑和没有成为哥伦布，甚至“郑和之后竟无第二个郑和”。并非郑和没有哥伦布的素质和机遇，也并非中国的航海技术不具备到达美洲大陆的可能，而是中国没有成就哥伦布的时势，中国的封建统治阶级没有创造一个新时代所必备的海权意识。

郑和不可能成为哥伦布，郑和以后也不可能有第二个郑和，因为中国从明朝开始，出现了一个与世界性走向海洋的大潮相反的逆向运动——禁海。

明代初年，中国的沿海受到倭寇的严重袭扰，从山东开始逐次向南蔓延，至江、浙、闽、粤而达到整个沿海地区，其所到之处烧杀掳掠，无恶不作。为此，从明太祖朱元璋开始，便屡屡发布禁海令。其初衷是禁止内地商贾出海勾结倭寇从事海盗贸易，以免危及沿海地区和社会安宁，保证国家财富不致外流。明王朝统治者没有想到、也不可能想到，这种为防倭寇而禁止民间海外贸易的做法，是一种因噎废食的做法，它严重束缚了中国人民向海洋发展的活力和进取精神，必然导向国家僵化、停滞，远离世事，痛失文明的恶劣后果，完全与其良好初衷相背离。朱元璋开了一个锁国禁海的先河，他所建的海防体系也不能不具有二重性。一方面，海防具有保卫国家海洋方向安全的功能；另一方面，又具有捍卫国家禁海令，阻止民间贸易的功能，其核心是“防”与“守”。它说明，中国的海防，从一开始就不是海权意识的产物，而是没有进取精神的闭关自守国策的产物。从根本上说，是自给自足的小农经济的产物，是重农轻商、重陆轻海传统思想的产物。当世界还同处于中世纪的蒙昧中的时候，中西方的这种蓝色落差并不显著。中国的统治者们也正是在这种文明落差的危机到来之前，在黄河文明的最后繁荣之上高忱无忧。

郑和雕像

永乐皇帝朱棣是一位有进取精神的皇帝，但受传统思想的影响，使他在倡导郑和下西洋的时候，只是为了“示中国富强”、“厚往而薄来”。用今天的话来讲，叫做“花钱买名气”，有一点“威慑”的意思，他在位期间，海禁有所宽弛，但仍有不少清规戒律，如下令“禁民间海船，原有海船者，悉改为平头船，所在有司防其出入”。倒是郑和，在屡下西洋的对外交往中开阔了视野，当永乐、宣德皇帝有裁减“宝船”的动向时，他曾大声疾乎保留宝船队，他说，“欲国家富强，不可置海洋于不顾，财富取之海洋，危险亦来自海上”，“一旦他国之君夺得南洋，华夏危矣。我们的船队战无不胜，可用之于扩大经商，制服异域，使其不敢觊觎南洋也”。郑和的这一思想，很有些海权意识的味道。如若发展下去，中国的海权和蓝色文明或许有希望。可惜，这不是统治阶级的思想，郑和的呼吁，没有引起任何反响。

中国致力于紧门闭户的禁海政策而西方殖民主义者则开始了拓殖时代，并开始撞击中国的大门。1514年，葡萄牙的舰队首先闯入广州湾东莞县附近的屯门岛。此后来华商船络绎不绝。1557年，葡萄牙贿赂广东官吏，以每年交纳一定地租的条件，获准在澳门居住。结果，年复一年，逐步霸占了澳门。1575年，西班牙商船来到中国，被捷足先登的葡萄牙人阻止其在广东通商，便北上厦门开辟通商口岸，1626年开始，占据了我国台湾北部。1601年，荷兰商船第一次来到中国，其在广东通商的企图也遭到葡萄牙人的阻挠，1624年，荷兰殖民者占据了我国台湾的南部地区。1637年，英国商船来到广州湾，同年，5艘船组成的英国海军舰队炮击虎门炮台，击沉中国商船和水师的船只。然而，这些来自海洋的外国船队，非但没有破除中国“严夷夏之大防”的传统观念，反而使之更顽固地将海洋当做屏障，进一步禁海锁国，企图割断与外国的一切联系。当中国的封建统治阶级得意于一时间的驱逐“夷人”的胜利，得意于一时间番香番货绝于市的时候，并不知自己付出了沉重的代价。他们将中国的文明与先进送给了西方，将中国抢占蓝色文明鳌头的机会送给了西方。

禁海不仅限制了对外贸易，限制了明以来资本主义萌芽的生长，还带来了一个严重的后果——海防废弛。清初政府为水师所订的明确职责为防守海口，缉私捕盗，巡哨洋面，捍卫海疆。实际上，水师的职责很单一，就是为了防守海口，缉私捕盗，禁止沿海洋面上与外国的贸易活动。这只要求战船灵便快速，而不要求放洋远出。因此，1797年，清政府下令将沿海战船“一律改小”。1806年，则下令严禁民间“违例制造大船”，限制每船“水手不得超过20名”。这些愚蠢的做法，导致中国的造船工业严重萎缩，致使中国的水师“仅能就近海巡查，不能放洋远去”。

清代中期海军船只

中国从15世纪开始，到16世纪中期达到高潮的禁海，以限制对外贸易为主要目标，失去了海权发展的基本动力，从而也没有发展海军保护贸易的基本动力。

18世纪以后，从英国起步的工业革命蔓延于西方世界，蒸汽动力的出现，创造了巨大的生产力，为资本主义贸易活动提供了更为廉价的商品，激发着西方进一步开拓市场的热情，资本主义魔法般地从地下喷出巨大的财富，以惊人的速度向前发展着。而东方的中国，正值康乾盛世，但生产仍停留在手工操作的水平上，农业与手工业基本没有分离。在雍正五年的上谕中说：“四民之业，士之外农最贵……故农为天下之本，而工商皆其末也。”事实上，与蒸蒸日上的西方资本主义相比，封建主义的盛世，何盛之有呢？

18世纪以后，西方主要资本主义国家的海军已开始了由古代向近代的过渡，战船的结构、动力、武器装备和战术技术都发生了革命性的变化，以“皮特计划”为代表的军事战略已经问世。而中国的水师，眼界狭小，徘徊于沿海口岸，恋恋不舍于刀矛弩矢，武器仍是一二百年前的旧物……

400年的禁海，400年的蒙昧，中国从此与海洋无厚缘，与海权无厚缘。

睁眼看世界

1842年8月29日，长江下游南岸的巍巍古城南京尽失其往昔虎踞龙盘的雄姿，反而显得格外得沉寂和闷热难当。在高昂着黑洞洞炮口锚泊于江面的英国侵华远征军“皋华丽”号军舰上，中国清政府的钦差大臣耆英身着汗水浸透的厚重官服，用颤抖不已的手笔签署了结束鸦片战争的《南京条约》。这个世人尽知的不平等条约，以其割地赔款等13款内容，无情地揭开了中国历史从未有过的耻辱篇章，将曾经强盛至极的中华民族推入了一个灾难深重的黑暗世纪。

鸦片战争前后，中国封建统治阶级中一部分具有先进思想的知识分子开始睁开双眼，用较为客观冷静的目光，仔细审视起周围的世界。

在“鸦片战争”以后，当时的清朝政府中一些有识之士就认识到，要保卫海疆必须建立一支海军，要建立海军必须创办海军学校。我国最早的马尾船政学堂就是在这一特定历史条件下，于同治五年（1866年）应运而生的。当时清政府派左宗棠主持福建，他保荐沈葆桢为总理船政大臣，并聘请法国人普罗斯佩·日意格和保罗·德克彼为船政正副监督并负责筹建海军学校。同年11月招生，次年1月5日开学，先用一年半的时间专修外语，然后学习轮机、航海、枪炮、枪械制造、制图、船艺和实习。学校有严格的考试和奖惩制度，学校开办历经40余年，先后毕业生有600多人，其中涌现出严复、邓世昌、刘步蟾、萨镇冰、詹天佑等一批出类拔萃的海军人物。

甲午海战时期福建水师模型

在马尾船政学堂创办成功后，光绪六年（1880年），李鸿章在天津创办北洋水师学堂，严复任总教习，学堂设驾驶、管轮二科。共有6届学生200多人毕业。光绪十三年，张之洞在黄埔创办广东水师学堂，至民国二年，共毕业驾驶、管轮学生14届，208人。光绪十六年，曾国荃创办南京江南水师学堂，自1890年至1911年，共毕业学生198人。光绪二十九年，萨镇冰创办烟台海军学校，只设航海一个专业。至民国17年，共毕业学生540余人。

我国早期的海军学校培养人才最多的要数马尾、天津、广东、南京及烟台五所学校。

清朝末年，时任海军大臣的奕𫍯在视察了北方沿海海防，检阅了

马尾船政主题公园

北洋海军和由南方赶来的福建海军的部分战舰后，见偌大海军中竟没有满族人的身影，感到大清海军被汉人把持了。因此极力建议抓紧培养满族海军人才，以便将来控制海军。他的奏折递上去仅3天，就得到了慈禧太后的批准，经过3个月的紧张筹备，一所拥有百余间校舍的新海军学校——水师学堂建成。因为它坐落在颐和园西垣外昆明湖左边，所以也称昆明湖水师学堂。1887年1月8日开学，学员是从皇家禁卫军中招收的40名八旗子弟，教员来自北洋海军和金州水师营，学校的章程完全依照天津水师学堂。学员在学习期间仍享受供俸，这样优厚的条件，人们称它是贵族学校是恰如其分的。

创办水师学堂的目的，主要是为培养满族的海军指挥人才，因此只设驾驶一门专业，学期5年。到了1893年学习期满，只有35人肄业。又由于甲午战争爆发，北洋海军全军覆没，此时已没有海军让这些贵族子弟去控制了。最后只有3人上舰任职。贵族学堂在1895年停办。

1890年清政府在旅顺创办的北洋旅顺海军学堂，运转了短短的10年，在1900年就关闭了。这个学堂虽为清王朝的水师培养了一批人才，但也记录了清王朝的一段耻辱的历史。

1890年，主管旅顺口防务的北洋大臣李鸿章，看到从外国购舰容易，而舰上人才难求，为解决这一矛盾，决定在旅顺口建立培养下级军官和技术兵种的专门机构。于是“北洋海军旅顺口鱼雷学堂”、“北洋海军旅顺口管轮学堂”、“北洋海军水雷营学堂”就相继在旅顺口诞生了。

“甲午战争”结束后，沙俄占领了旅顺口，1900年6月，沙俄关东州总督何克列赛耶夫借口清政府在旅顺的水雷营学堂藏有武器弹药，下令关闭了水雷营学堂，把学生全部押解到海参崴充当囚徒。从此，清政府在旅顺口创办的海军学堂全部关闭。当时，软弱无能的清政府对此不敢声张，这种不是殖民地但实际上是殖民地地位的日子，使人们对富国强兵的意义感受极深。

在1882年，我国清政府从德国定购了2艘战舰，1885年10月接收回国，并编入北洋水师建制，命

“镇远”号被日军俘获

名为“定远”号和“镇远”号。这两艘是清朝最大的军舰，也是主力舰，其中“定远”号为北洋水师旗舰。

“定远”舰排水量7335吨，长191米，宽19.5米，吃水5.9米，航速14.5节。舰上装有2座双联装305毫米主炮，2门150毫米副炮，4门76毫米炮和12门5管机枪，有3具鱼雷发射管。该舰的装甲厚达14英寸，指挥台装有8英寸的装甲，一些关键部位，如机舱、锅炉舱及弹药库皆有装甲防护。为提高生存能力，该舰设有双层船底和分隔成154个隔舱，以便阻滞进水和失火时的蔓延。该舰还携带有2艘鱼雷小艇。“定远”号和“镇远”号的性能在当时均不逊于西方战舰而优于日本的主力舰。武器的优劣虽然是取得战争胜负的重要条件，但不是决定的因素，还必须制定正确的作战指导思想和战略战术才行，甲午一战我北洋水师不敌日本的联合舰队就是很好的例证，这个教训是值得记取的。

几欲入海终不能

“古老的东方有一条河，它的名字叫黄河；

古老的东方有一条龙，它的名字叫中国……”

这首如泣如诉的歌，是对古老文明的赞颂？还是对文明落伍的哀怨？也许二者兼而有之才是它强烈撞击炎黄子孙心扉的魅力所在。

甲午战争后不久，中国的一些军政要臣不断提出重建海军和海防的建议。湖广总督张之洞说：“今日御敌大端，唯以海军为第一要务……无论如何艰难，总宜复设海军。”戊戌维新的代表人物康有为说：“吾中国无海军，即无海境。”光绪皇帝也再度提出：“国家讲究武备，非添设海军，筹造兵轮，无以为自强之计。”果然，几年后，八国联军再度漂洋过海，打进北京城，迫成条件更为苛刻的城下之盟。中国更深地陷入半殖民地半封建的苦海，辽阔的海疆和国土被列强划分为各自控制的势力范围，中国即使想要重建海军，也已找不到一处属于自己的优良军港。一些有识之士的历尽劫难，前赴后继，试图建立一支强大的海军以抗击帝国主义，拯救中国，求强求富，但都相继招致惨败。

中国人几欲入海终不能。

1907年，清政府费尽周折，终于拼凑成巡洋舰队和长江舰队，分别负责海防和长江江防。1910年底，清政府设立海军部，任命萨镇冰统制指挥巡洋、长江两舰队，这是中国海军开始有第一位总司令。次年，清王朝的封建专制统治被人民推翻，海军官兵投奔国民革命。清政府苦心经营半个多世纪的海军海防宣告终结。

梁启超

清王朝覆灭以后，在中国比较深刻地认识东临太平洋的中华民族必须建设海权、发展海军才得以兴国者，莫过于伟大的民主革命先驱孙中山先生。

1912年1月1日，中华民国临时政府宣告成立。临时大总统孙中山在当天就公布命令："以红旗右角镶青天白日，日有十二芒为海军旗。"2天后，孙中山任命黄钟瑛为海军部长，汤芗铭为海军次长。孙中山建立的中华民国临时政府一共只设有9个部，海军部便是其中之一，可见其对海洋的重视。他在复陈其美的一封信函中说："中国之海军，合全国之大小战舰，不能过百只，设不幸有外侮，则中国危矣。何也？我国之兵船，不如外国之坚利也，枪炮不如外国之精锐也，兵工厂不如外国设备齐完也。故今日中国欲富强，非厉行扩张新军备建设不可。同志谓中国国防不有相当武备建设，此中国不富强之原因，诚是也。故中国欲勤修军备，然后可保障国家独立，民族生存也。"他还认为，"所谓太平洋问题，即世界海权问题也"，"太平洋之重心，即中国也。争太平洋之海权，即争中国之门户权。谁握此门户，即有此堂奥，有此宝藏，人方以为我争，我岂能付之不问乎？"他主张将琼州（今海南省）改设行省，因为琼州“东瞰小大宋，西连东京湾，南接安南，北倚雷州半岛”，“为大西洋舰队所必经之路，南洋之门户也。”战略地位非常重要，并且是“贸易船舶之所辐辏，商贾货物之所云集，山海物产之所鳞屯”的要地，是“国海疆之要区，南方之屏障”，四面港口，又有榆林“为天然之海军根据地”，必须致力于建设，以巩固海防。他说：“自世界大势变迁，国力之盛衰强弱，常在海而不在陆，其海上权力优胜者，其国力常占优势。”他以德、英、美、日、俄等国海军争先恐后发展，皆有长足进步警醒中国，呼吁建立琼州省，建设榆林港，发展海军，以扼守这一“大西洋舰队所必经之路，南洋之门户”。

可惜的是，孙中山振兴中华海权的宏图伟业尚未开始，大权就很快旁落到袁世凯之手。中华民国首任海军部长、海军总司令黄钟瑛英年早逝，规模有限的海军力量全部沦入袁世凯的掌握之中而难有作为。第一次世界大战后，孙中山在他著名的《实业计划》中，主张在中国的北部、中部及南部沿海各修建一个世界水平的大海港（北方大港、东方大港、南方大港），以发展对外经济贸易。但这些美好的设想终究都成为泡影。

孙中山以后，仍有不少中国人在致力于中国海军的振兴。1915年，便有人提出裁撤旧军舰，发展第一次世界大战中崭露头角的海军航空兵和潜艇兵力。陈绍宽是不遗余力者之一。1918年，他到欧洲考察了美、英、法、意等国后，写出《飞机、潜艇报告书》，提出具体的发展计划。南京国民政府一度想扩充海军，曾扬言说：“要挽回国家的权力，必须建设很大的海军，使我们中华民国成为世界上一等海军国……”1931年、1933年乃至此后的连续3年，针对“9·18”事变后日本侵略中国东北的军事态势，时任海军司令的陈绍宽数次主持制订海军发展计划，谋求在立足防御的同时，海军能够在海上与入侵之敌作战，“获得中国海之制海权”。但是，在蒋介石“攘外必先安内”的总政策下，海军经费得不到保证，计划屡屡落空，直至1937年抗日战争爆发前夕，中国海军总计有大小舰艇120余艘，总吨位为6.82万吨，尚不足拥有航空母舰的日本海军总吨位的1/30。国民党政府认为这支弱势海军既无力同日本海军在海上作战，也无力扼守海口以阻敌海军内驶进犯，于是决定将海军主要舰艇和其他船只沉于长江下游的江阴航道，借以迟滞日军的进攻行动。1937年8月11

日和9月25日，中国海军总司令陈绍宽指挥将228艘舰船沉入江阴航道的最窄处，这位本应驰战海洋的统帅却成了沉船塞江的首领。海军的主力舰船损失之后，被迫在长江和两广的内河进行阻敌水上行动的水雷战，使海军爱国官兵成为难觅用武之地的徒手英雄。尽管这些爱国官兵英勇奋战，血洒长江，却仍旧无法阻止日寇的节节进逼。日本兵舰直驱武汉、宜昌，结果，中国出现了船毁海防摧，国破山河碎的局面。

你知道吗

中华民国海军

1911年10月，武昌起义后，清政府海军巡洋舰队和长江舰队所属舰艇加入革命行列。1912年1月，原中华民国临时政府在南京成立，设海军部，临时大总统孙中山任命黄钟瑛为海军部总长、汤芗铭为海军部次长兼北伐海军总司令。袁世凯即任后，增设海军总司令处，中华民国海军是由原国民政府建立、统率的一支海军。

1948年，当国民党海军从英国接回的第一艘轻型巡洋舰“重庆”号驶抵中国的时候，偌大的上海港

“重庆”号巡洋舰模型

竟没有自己的一泊之地。望着那满是星条舰、花旗轮的黄浦江，舰长邓兆祥的心底在流血，满舰官兵痛心疾首……

屈辱、血泪的百余年啊！虎狼来自海上，巨龙任人宰割。中华无海权，中华衰。

蒋介石也并非完全没认识到这个问题，他在《中国之命运》中说，“自外国军舰自由行驶停泊于中国沿海及内河后，中国不复有海防存在，通都大邑无不在帝国主义‘炮舰政策’威胁之下”，因此，“中国只好听他们‘予取予求’”。为什么？他曾在抗日战争胜利后做过这样一段解释：“甲午之战，我海军全部被日本覆灭，成为50年来国势积弱的主因。抗战期间，日本企图以海制陆，对我发动大规模侵略，我国无强大海军，不能在海面上围敌聚歼，于是日本在上海登陆，然后长驱直入……”

少了一个民主，多了一个封建

主义，中国就不可能有资本的原始积累，就没有健全的商品经济机制，也就没有进入世界强国之林的入场券！

少了一个独立，多了一个帝国主义，中国就只有蒙受商品和资本输入之屈，蒙受民族压迫和强权政治之辱，而没有任何还手之力！

从鸦片战争到新中国建立前，中国被迫签订了 1182 个不平等条约，从《南京条约》到《辛丑条约》的 60 年间，帝国主义以战争赔款形式，共向中国勒索白银 13 亿两，而当时清政府的年收入只有 8000 万两，即使全部拿来赔款，16 年都还不清。中国拿什么富强？帝国主义从海上纷至沓来，中国却没有强大的军队，没有足以抵御帝国主义“坚船利炮”的海军，守不住海疆，保不住国防。同是公海的所有者，利用海洋的权利却分三、六、九等。中国人无力利用公海，甚至无权占有自己的领海，万里海疆上横行的是殖民主义、帝国主义的商船炮舰。面对血淋淋的军事侵略，赤裸裸的经济掠夺，中国人只能望洋兴叹，只能任凭祖国被列强瓜分，积贫积弱。因此，中国需要海上长城，中华民族需要海权，这成为几代中国人的心愿，也成为几代中国人的梦幻。

中苏海军“六四”协定

“六四”协定是由毛主席亲自决定的，是我国海军装备史和船舶工业史上一次着眼于提高自力更生能力的技术装备引进。

在我国海军创建之初，因当时我国造船工业水平很低，根本不具备自行研制军舰的条件，而从国民党海军手中缴获的舰艇不仅数量有限，而且严重老化，不能有效地保卫海防。为发展我军自己的海军装备，毛泽东主席于 1950 年 5 月 18 日致函苏联政府，提出：为了建设护航驱逐舰、大型猎潜艇、基地扫雷舰、远航鱼雷快艇等，请许可输入材料、发动机、辅助机器和武器，在中国造船厂建造。这一建议被当时的苏联政府所接受，中苏于 1953 年 6 月 4 日在莫斯科正式签订了协定。协议中同意中国向苏联订购战斗舰艇、海军用飞机以及海岸炮等技术装备。这项由毛泽东主席决定，由海军牵头有关工业部门共同参加的引进项目，因是在 6 月 4 日签订的，所以就称为“六四”协定。

在毛泽东主席的关怀下，到 1959 年，由执行“六四”协定转而在中国各船厂先后建成的一批舰艇，加入了人民海军各部队。

中华兴，海权兴

1949 年 1 月 8 日，当中国共产党领导的人民解放战争势如破竹向前发展的时候，中共中央政治局提出：“1949 年及 1950 年我们应当争取组成一支能够使用的空军，及一支保卫沿江沿海的海军。”的确，当中国准备告别屈辱的历史，挺起胸膛屹立在世界东方的时候，它首先想到的就笃定包括这一点：“中国人民必须建立自己强大的国防，除了陆军，还必须建立自己的空军和海军。”

1949 年 4 月 23 日，当南京国民党总统府顶端的青天白日旗帜颓丧地飘落下来之时，另一面划时代的旗帜在江苏泰州白马庙昂扬地升起——中国人民解放军华东军区海军宣布诞生。旗帜下的排头兵，是新任命的华东军区海军司令员张爱萍。40 年后，这一天被确定为人民海军的纪念日。

这的确是一个值得纪念的日子。社会主义国家需要海军，无海军便无海权，无海权便无中国的复兴。历史进入近代社会，发展海权已成为所有沿海国家的客观要求，并非是资本主义、帝国主义的专利。因为海洋是供全人类开发的客观存在的空间，和平利用海洋，是每一个沿海国家应有的权利，尤其是当它具有了世界商品流通桥梁作用的时候，利用海洋者国家兴。然而，历史告诉我们，在相当长的历史阶段里，和平利用海洋只是一种愿望，利用海洋必须控制海洋。所以，一个国家需不需要海权，并不决定于国家的性质，而是决定于社会历史条件和自然地理条件。只是需要什么样的海权，才决定于国家性质。中国拥有 1.8 万千米的海岸线，中国已经受了来自海上的帝国主义百余年的欺侮，有 1.8 万千米海岸线的安全，方有 960 万平方千米陆上国土的安全。中华兴，海权兴，二者互为条件，二者水乳交融。

1949 年 9 月 21 日，在中国人民政治协调会议上，毛泽东同志斩

中国人民从这里站起来

钉截铁地说："我们的国防一定要巩固，我们不允许任何帝国主义者再来侵略。我们将不但有一个强大的陆军，而且有一个强大的空军和强大的海军。"就在这次大会上，人民海军的代表走上了讲台，他是张学良将军的胞弟、人民海军安东海军学校的筹建人张学思。他说："中国人民海军以一个幼年的资格列入伟大的中国人民解放军的行列……，我们一定在实际行动中贯彻毛主席、朱总司令的号召，为建设一个强大的中国人民海军而奋斗……"开国大典那一天，当"中国人民从此站起来了"的庄严宣告响彻环宇的时候，年轻的人民海军也用它严整的军容向全世界显示了它的存在。

中国的核潜艇

1958 年 6 月，我国第一座试验型原子能反应堆开始运转后，聂荣臻元帅经与海军及有关工业部门研究后，向中央提出《关于开展研制导弹原子潜艇的报告》，立即获得党中央、毛泽东主席的批准。由于当时我国尚不具备独立自行研制核潜艇的条件，曾寄希望能取得苏联的援助。在两国领导人的努力下，于 1959 年 2 月 4 日，中苏两国政府签订了《关于在中国海军舰艇制造方面提供援助的协定》。可到了 1959 年 9 月，当中国政府正式提出核潜艇技术援助问题时，却遭到苏方领导人的拒绝。毛主席得知这一情况后，十分气愤地说："核潜艇，一万年也要搞出来"，并于同年 10 月激励全中国人民要"奋发图强，自力更生，一定要攻下这一尖端技术堡垒"。毛泽东主席先后为研制核潜艇作过 8 次重要批示，对确保核潜艇工程的顺利进行，起到了极其重要的作用。功夫不负有心人，1974 年 8 月 1 日，我国第一艘核潜艇正式交付海军服役，填补了我国军事尖端技术在海上战略武器系统的空白，对打破核大国在海上的核垄断，具有十分重要的意义。

我国核潜艇